Dr. Friedrich Riemann

...während andere bluten!

.

Hinweis!

Alle Namen in diesem Buch wurden sowohl aus datenschutzrechtlichen, als auch aus Pietätsgründen geändert, da sie keinerlei Relevanz besitzen und den Inhalt dieses Buches nicht maßgeblich beeinflussen! Dieses Buch ist somit nicht zur Ahnenforschung geeignet, berechtigte Anfragen beantwortet der Herausgeber aber sehr gerne!

Namensähnlichkeiten oder -übereinstimmungen sind daher rein zufällig. Dieses Buch soll der zeitgeschichtlichen Aufklärung dienen, nicht aber das Ansehen noch lebender oder bereits verstorbener Personen schädigen! Die folgenden Texte wurden aber soweit wie möglich im Original belassen, um die Authentizität zu wahren!

Erstausgabe, alle Rechte vorbehalten!
Gestaltung und Transkription: Stefan Heikens
Herstellung und Verlag: BoD - Books on Demand, Norderstedt
© 2021
ISBN: 9783754339374

Lieber Leser,

immer wieder fallen mir bei meinen Recherchen Feldpostbriefe in die Hand, die es einfach wert sind, erhalten zu bleiben. Ich lese sie und weiß sofort, dass sie uns etwas beibringen können. Denn während die meisten Soldaten lediglich Nichtigkeiten nach Hause schrieben - teilweise um die Familie zu schonen, oft aber auch, um sich selbst ihre Lage nicht eingestehen zu müssen -, wurde in seltenen Fällen und von anderen Absendern die erlebte Wirklichkeit der Soldaten tatsächlich direkt wiedergegeben.

Was und wie die einzelnen Soldaten dabei nach Hause schrieben, war natürlich eine ganz persönliche Sache. Aber auch, wenn die Männer oft völlig verblendet von der Propaganda der damaligen Zeit, dem Glauben an den „Führer" und der Hoffnung auf ein besseres Leben nach dem Krieg waren, so können ihre Zeilen für uns, die späteren Generationen, doch noch lehrreich sein.

Im folgenden Buch habe ich deshalb öfter mal Anmerkungen oder Hintergrundinformationen platziert, um ein wenig Licht ins Dunkel zu bringen, ansonsten aber bewusst auf Kommentare verzichtet. Denn ich glaube, dass Friedrich („Fritz") Riemanns Worte nicht groß von mir gedeutet werden müssen, sie können auch knapp 75 Jahre nach seinem Tod noch immer sehr gut für sich selbst stehen. Wir bekommen in diesem Buch also genau dieselben Informationen, die auch seine Verlobte Margarete von ihm erhielt, in seinen Worten und mit seinen charakteristischen Eigenheiten. Ich habe nichts hinzugefügt und natürlich auch nichts weggelassen.

Ob es die auffällig häufige Verwendung von Kosenamen ist, die immer dann besonders hervortrat, wenn er unter Anspannung stand, die internen Machtkämpfe mit Vorgesetzten oder auch der moralische Zerfall als

Friedrich und seine Kameraden langsam vom Rest der Armee abgeschnitten wurden - all das verrät uns viel über ihn und seine Situation.

Ich bin kein Anhänger der Ideologie, der er gefolgt ist, aber mich fasziniert die Frage, wie ein Mensch, der den hippokratischen Eid abgelegt hat, wohl in einer Zeit leben konnte, in der ein Menschenleben so wenig Wert hatte. Wie konnte er unterscheiden zwischen lebenswert und lebensunwert? Oder konnte er das vielleicht gar nicht?

Friedrich Riemann wurde in Wien geboren und wuchs auch dort auf, bevor er 1940 zum Militär eingezogen wurde. Er absolvierte die Grundausbildung, erhielt dann aber seine UK-Stellung, was bedeutete, er war zu Hause noch nützlicher, als er es im Felde gewesen wäre, und durfte deshalb vorerst bleiben. So konnte er in Ruhe sein Medizinstudium beenden und mit dem Doktorgrad abschließen, bevor er 1943 direkt nach Kroatien versetzt wurde. Dort erlebte er dann die letzten beiden Kriegsjahre hautnah mit und berichtete seiner daheimgebliebenen Margarete, die er in dieser Zeit nur noch einmal sehen würde, von seinen Erlebnissen.

Ich möchte Sie, lieber Leser, herzlich darum bitten, vorurteilsfrei zu bleiben, während sie diese Briefe lesen, so schwer es Ihnen angesichts der Thematik auch fallen mag. Die deutsche Wehrmacht hat unglaubliche Gräueltaten begangen, die Führer des deutschen Volkes waren Mörder und Verbrecher, das alles ist unbestritten, aber es geht hier nur um einen einzelnen Mann. Nicht das *Dritte Reich* steht hier im Fokus, sondern ein Arzt namens Friedrich, von dem wir viel lernen können, wenn es uns nur gelingt, ihn als Individuum, in einer schrecklichen Zeit lebend, sehen zu können.

Stefan Heikens

Mein liebes Lumpi!

Soll ich Dir einen „Soldatenbrief" schreiben, den Du besser in jeder nächstbesten Zeitschrift oder Propagandaausgabe liest? Nein. Wenn Du was Schöneres dieser Art genießen willst, dann schlag einen unserer Romantiker auf und Du wirst genügend Höchstwertes finden, das heute schon über der Zeit steht und daher nicht mehr von Dingen des Alltags behaftet erscheint. Nur einen derartigen Brief möchte ich Dir schreiben; übrigens kennst Du mich von dieser Seite schon.

Was soll Dir Schnü sonst noch schreiben? Es würde sicher ein Piep mit einem so langen „ie", dass es die ganze Seite füllen würde. Drum werde ich Dir im Telegrammstil ein wenig die neuen Verhältnisse schildern (in Kürze auf einer Seite, weil der Briefumschlag durchsichtig ist).

Unterkunft: Kaserne einer Kleinstadt. Alle Neuankömmlinge wurden auf ein paar Kompanien aufgeteilt. Dobrovsky der Langsame (ich warte eben auf ihn in einem sehr netten Café) kam zu einer anderen Kompanie. Einige Kameraden aus Wien, darunter ein Chemiker, der neben mir sitzt, wohnen mit mir in einer Stube; dadurch lebt man sich leichter ein. Auch die angetroffenen Leute (Dreiviertel davon aus dem Altreich[1]) sind durchaus nett.

Verpflegung: besser und reichlicher als in Wien; auch Zigaretten gibt's.

Der Dienst: zackig (Mittwoch ist Besichtigung!), aber zeitlich wesentlich besser eingeteilt als beim Ersatzhaufen. So viel Freizeit wie hier gab's noch nie:

---

[1] Altreich = Deutschland (Der Begriff „Altreich" kam in Österreich auf, nachdem es am 12. März 1938 an Deutschland anschloss, somit also Teil des „neuen" Reiches wurde)

Zapfenstreich erst um 23 Uhr! Und dabei sitzt man in einem solchen Nest. Nun ich darf nicht klagen, es könnte schlimmer sein; wir haben außer diesem Café (ganz wie in Wien) auch ein nettes kleines Wirtshaus ausfindig gemacht. Dort gibt's prima Fraß; es wird uns oft beherbergen.

Etwas noch zum Abschluss: ich werde wohl in ein paar Wochen auf kurze Zeit nach Wien oder in die Nähe von Wien kommen und hoffe Dich nach kurz vorhergegangener Verständigung treffen zu können.

Und nun ein langes, dickes, weiches, warmes Piep fürs Lumpi und einen Handkuss für Mama, zuletzt dem Toni einen herzlichen Gruß vom

Schnü

4.12.40.

Liebes Lumpi!

Habe soeben Deinen Brief bekommen mit der Ankündigung, dass in einem Paket der Reibert[2] mit den Fotos folgt. Ich danke Dir sehr, liebes Lumpi, für alle Deine Mühe, natürlich auch dem Toni; sobald ich die Muster in Händen habe, werde ich sie auswählen.

Heute war Besichtigung, die sehr gut vorüberging, dafür gibt's den ganzen Samstag dienstfrei; Lumpi, freu Dich, der Schnü hat die feinste Kompanie erwischt, die man sich vorstellen kann: Essen ist auch jetzt so gut wie in den ersten Tagen, Dienstschluss um 18 Uhr, Zapfenstreich um 23 Uhr. Ich sitze daher - wie könnte ich anders - schon wieder im Café und pflege meinen Bauch

---

[2] Reibert = Handbuch für den deutschen Soldaten

mit Mehlspeisen. Dextro[3] hab ich noch gar keins verbraucht, da ich hier eigentlich noch nie so müde war, dass ich danach gegriffen hätte (Nahrung ist kräftig).

Dobrovsky, der Langsame, hat Pech gehabt; seine Kompanie ist sehr streng, sie hat außerdem jetzt Ausgangssperre, auch kommenden Sonntag, wegen irgendeiner Buberei. Bei der Rückkehr vom Truppenübungsplatz sah ich ihn beim Wagen waschen, er sieht sehr unglücklich aus.

Nun liebes Lumpi, magst immer ruhig schlafen, dem Schnü geht's wirklich gut, er denkt viel an Dich und sagte oft im Stillen: „Piep".

Handkuss Deiner Mama und Grüße an Toni, viele Piep dem großen und kleinen Lumpi vom

Schnü

N. S.: Nächster Brief folgt in Bälde. Vom angekündigten Weihnachtsgeschenk bin ich begeistert und auch für die anderen Dinge, die da zu mir anrollen, sagt Dir Schnü ein dankbares Piep. Ich weiß nur nicht, wie ich Dir eine kleine Aufmerksamkeit zukommen lassen soll.

13.12.40.

Mein liebes Lumpi!

Für Dein liebes Feldpostpäckchen, das ich gestern abends vom meist wegen der Mehrbelastung etwas mürrischen Postholer in die Hand gedrückt bekam, besten Dank. Ich kann selbstverständlich alles, auch das Süße,

---

[3] Dextro = Traubenzucker in Würfelform, allgemeine Verpflegungszulage in der deutschen Wehrmacht

gut gebrauchen. Ich bin heute eigentlich sehr froh, dass die Woche rum ist; sie war wirklich anstrengend. Es ist bei keinem ohne viele blaue Flecken abgegangen, drum bin ich auch wegen der meinen nicht bestürzt. Außerdem habe ich einen Muskelkater wie noch nie; Ach, sich zu recken und zu strecken tut soooo weh und doch auch wohl. Nun Du weißt ja, wie das ist!

Übrigens konnte ich feststellen, dass ich nicht gerade am ungeschicktesten bin. Wenn dies so weitergeht, werde ich bald eine affenartige Behändigkeit an den Tag legen. Hier nimmt man alle Mühsal willig auf sich, weil man weiß, dass das Feldheer ständig in Übung gehalten werden muss, und weil man sich auf den wahrlich kameradschaftlichen, wenn auch im Dienst harten Geist in der Truppe verlassen kann. Außerdem gibt's abends immer eine ungestörte Freizeit.

Für Weihnachten kann ich wohl nach letzten Äußerungen des Spießes[4] mit Urlaub rechnen. Bitte Daumen halten!

Lumpi, eine Frage möchte Schnü an Dich richten und bitte bitte - Du weißt wie schön der Schnürzlhund bitten kann - Du musst einwilligen, die Frage zu beantworten, bevor Du noch die nächste Seite liest! Pieeeeeeeeeeeeeep!

Was sollte der arme Schnü als Weihnachtsgeschenk mitbringen? Falls der Weihnachtsmann zu Weihnachten nicht Zeit haben sollte, was allerdings sehr unwahrscheinlich ist, so wird er eben ein paar Tage später angestapft kommen; und Lumpi ist nicht bös darüber, gell?

---

[4] Spieß = Kompaniefeldwebel, auch „Mutter der Kompanie" genannt, der Leiter des Inneren Dienstes einer Einheit

Und nun wird Schluss gemacht, die vielen Pieps sagt Dir Schnü im Bett, in das er sogleich todmüde fallen wird. Piep, mein Lumpi!

Schnü

Mein liebes Lumpi!

Heute hat der Schnü Fliegerwache und in der Ruhezeit Muße genug, außer sämtlichen Weihnachts- und Neujahrskarten dem Häschen einen kleinen Brief zu schreiben.

Gestern abends habe ich gleich zwei Schreiben vom Lumpi bekommen. Das eine ist am 13., das andere am 16. gestempelt worden. Es ist also ein langer, langer Weg...! Gleichzeitig erschien auch eine Karte aus Krems, am 17.12. gestempelt. Wenn sich diese Verspätungen jetzt noch steigern sollten, bin ich sicherlich vor der Ankunft dieser Zeilen bei Dir!

Ich habe Dir eigentlich zweierlei Antworten zu erteilen, eine auf ganz private Anfragen und eine auf mehr geschäftliche Fragen. Nun, hör gut zu, liebes Lumpi! Bist schon gespannt, gell?

Antwort auf die erste Frage: Schnürzl sagt Dir nur ein ganz, ganz langes Piep, flüstert Dir ins Ohr „Still sein" und gibt Dir ein weiches Rüsselbussi.

Für Deine Bemühungen um einen Trainingsanzug[5] - diese Jagd wirst Du doch hoffentlich nun schon abge-

---

[5] **Anmerkung:** Kleidung wurde oft in der Heimat gekauft und danr von Familie oder Freunden in die Kaserne oder direkt an die Front geschickt, um die dort herrschende schlechte Versorgungslage auszugleichen.

blasen haben - sagt Dir der Schnü besten Dank; ebenso für die Lauferelen auf die Uni.

Was diesbezüglich Dein dummer Junge Dir zu sagen hat, magst Du rasch vernehmen: lass den Krliêka, er wird wohl bezüglich Beurlaubung nichts Neues wissen, zumindest nichts Bestimmtes. Eine Beurlaubung von Februar bis in den Sommer wäre natürlich für mich das angenehmste und auch die einzige Lösung. Sollte ich wirklich schon im März steigen müssen, so kann ich wohl sicher mit den anderen Urlaubern antreten. Dobrovsky ist derselben Meinung, außerdem kennt er den Fachgruppenhäuptling persönlich.

Sonst wirst Du wohl kaum viel auskundschaften können. Vielleicht gelingt es mir, während des Urlaubs persönlich bei der Auskunftsstelle in der Rossauer Kaserne über die diesbezüglich bestehenden oder zu erwartenden Verordnungen etwas zu erfahren.

Drum stell wohl alle Bemühungen, mein Schicksal zu lenken, vorerst ein! Wir können ja zu Weihnachten darüber dann sprechen. Ich pfeif schon bald auf jedes Suchen nach den Leuten, die da was Bestimmtes wissen sollen, und lass die Sache mit dem Studienurlaub auf mich herankommen.

Und nun, liebes dummes Lumpi, muss ich Schluss machen, weil ich schon bald wieder auf Wache muss.

Noch etwas: irgendeine Salbe, von der Du schriebst, kannst Du für Weihnachten besorgen, ich kann sie gut brauchen. Noch ist mir allerdings nichts abgefroren.

Und nun zum Abschied ein dickes Bussi und Pieps.

Friedrichs Schnürzl

Soldat Friedrich Riemann, FPN: 23973[6]

---

[6] FP-NR. 23973 = 3. Kompanie, 2. Kradschützen-Bataillon

Liebes Lumpi!

Gestern Abend habe ich mich herzlich über Deinen lieben Brief gefreut, der mich in märchenhaft kurzer Zeit erreichte. Seither haben sich die Verkehrsschwierigkeiten sehr gesteigert. Wann Du also eine Antwort kriegst hängt in erster Linie vom Wettergott ab! Heute sind bei uns hier in der Einsamkeit die Tageszeitungen ausgeblieben. Es ist daher hier doppelt fad.

Bezüglich meines Studiums kann ich Dir einiges Neues berichten: wenn es schon mit einem Urlaub nichts werden sollte, so habe ich mit Dobrovsky beschlossen, von der Kompanie doch wenigstens die Inskriptionserlaubnis für das jetzt beginnende Trimester zu bekommen. Dies wird uns sehr wahrscheinlich gelingen, da ja in diesem Fall nur die Uni was dreinzureden hätte; außerdem gibt es im zehnten vorgeschriebenen Semester kaum welche Praktika.

Nun habe ich einige Bitten an Dich:

1.) Schau bitte, dass Du von Kitzmantel bald das Meldungsbuch mit Semesterbestätigung und die Legitimation kriegst.

2.) Verschaffe Dir bitte irgendwie die Formulare für „Weiterinskription", außerdem die Formulare für Kollegiengeldbefreiung.

3.) Sonst kannst Du augenblicklich in diesen Belangen nichts mehr tun. Falls es Formulare gibt, deren Ausfüllung Du absolut nicht durchführen kannst, so schick sie mir alle. Im Jahrbuch wäre auch der Inskriptionsplan für das zehnte Semester zu finden, schreib ihn mir bitte auf einen Zettel; das Büchlein schicke nicht mit! Die Dozenten soll dann Kitzmantel in die betreffenden Spalten eintragen.

4.) Zur Einreichung beim Dekanat muss dann die Inskriptionserlaubnis der Kompanie abgewartet werden. Ich beabsichtige, eine Ermäßigung des Kollegiengeldes zu kriegen. Also <u>nur</u> die Formulare <u>kaufen</u> und mir eventuell schicken.

Also, liebes Lumpi, es ist jetzt 22:30 Uhr und ich muss Schluss machen. Wie ich jetzt höre, ist heute weder die Eisenbahn, noch ein Postwagen zu unserem Nest vorgedrungen.

Viele lange Pieps von

Schnü

1941 – 1943

Nach diesem Brief wurde Friedrich wieder in die Heimat geschickt, eine sogenannte UK-Stellung, um dort sein Medizinstudium zu Ende bringen zu können. Die nächsten zwei Jahre verbrachte er also damit seinen Doktorgrad zu machen und praktische Erfahrungen zu sammeln. Erst danach wurde er, der seine Grundausbildung ja bereits abgeschlossen hatte, noch einmal kurz einem Auffrischungskurs unterzogen, bevor er dann mit der Feldpostnummer 46276 (Sanitäts-Kompanie 369, Kroatien) direkt wieder an die Front versetzt wurde.

Liebe Gretl!

Schon fast zwei Tage ist es her, dass ich das erste Lebenszeichen im neuen Jahr gab. Die Arbeit ist seither für mich wohl etwas weniger geworden, die Müdigkeit aber fast noch größer. Denn Heinz und (seit gestern auch) Scherrchen liegen krank im Bett. Sie haben sich wohl verkühlt und leiden nun an den Folgen. Diese beiden und Zahlmeister Eigemann teilen mit mir ein Zimmer, teilen ... natürlich zu ihren Gunsten! Sie liegen seit Anbeginn in wirklich ländlich-netten Betten, während ich auf einem kurzen und abschüssigen Sofa schlafen muss. Scherr hat zwar einen turnusweisen Wechsel vorgeschlagen, da die Helden nun krank sind und Eigelein doch ein älterer würdiger Herr, bleibt mir nichts anderes übrig, als meine müden Glieder auf das Notbett zu legen. Wir wohnen in Privatquartieren von Wirtsleuten, die aber - was Verpflegung anlangt - rein gar nichts haben. Die Zimmer sind recht nett und rein; im Vorzimmer liegen zwei Putze[7].

Für Sonntag haben wir durch unseren Putz Diesel zusätzliche Hühner erworben, auch ein paar Eier. Zu kaufen gibt es in dem sonst nicht sehr freundlichen Lande alles, nur manchmal verflucht teuer: ein Ei bis 0,60 RM und mehr, eine Gans nur 15-20 RM. Eine hier ansässige Münchnerin oder unser Putz Diesel wird morgen die wieder braten.

Sonst bin ich mit meiner Stellung und Verwendung recht zufrieden; zu meinen sonstigen Aufgaben bin ich seit 1.1.43 auch Truppenarzt. Nur aus den Kleidern bin

---

[7] Putz = Offiziersbursche, in Österreich-Ungarn Offiziersdiener oder auch umgangssprachlich „Putzfleck" genannt, war eine jüngere Ordonnanz, die den Offizieren aller Grade, Ärzten und Zahlmeistern zur persönlichen Bedienung zugewiesen wurde

ich seit dem Beginn des neuen Jahres noch nicht gekommen; nur die Stiefel konnte ich ausziehen, auch die
Bluse. Sonst liegt neben meinem Bett die geladene Ar-
meepistole und auch ein Gewehr. Die Liebe der „Einge-
borenen" ist eben nicht allzu groß!

Wenn man nicht jedem zweiten dieser Slawen-
schädel misstrauen müsste, wäre es etwas gemütlicher.
Was da tags mit scheuen oder frechen Gesichtern herum
steigt, ist vielleicht nachts der Todfeind, der kein Pardon
kennt. Das Wort „Partisanen" wird sehr viel gebraucht;
Partisanen sind auch rundherum. Tags ist's nicht so
gefährlich, aber nachts, da wird's lebendig und Schüsse
spielen dann Gute Nacht-Musik! Langsam gewöhnt man
dieses schöne Spiel, es gehört eben zum Soldatenleben
und nichts Teuflisches gibt's, dass diese Untermenschen
nicht kennen!

Aber Schnü schlägt sich durch, darauf kannst Du
Dich verlassen. Und wenn Lumpenhase mir ab und zu
ein Brieflein schickt, dann ist alles ganz leicht. Und nun
Margarete: Sonntag ist morgen! Und wenn ich ein wenig Glück habe, bin ich morgen etwas entlastet. Nun
will ich dann endlich wieder meine persönlichen Gepäckstücke ein wenig in Ordnung bringen und ein wenig
ruhen. Ist mir das Glück besonders hold, so werde ich
auch noch ein Brieflein an Mama schreiben, denn auch
sie wartet auf ein paar Zeilen von mir. Aber nun Schluss
für heute und sobald ich wieder ein wenig Zeit habe,
wird ein neues Brieflein an den armen Lumpenhasen
losgelassen.

Alles Liebe rundherum von

Schnü

Liebe Bettelkatze!

Du hast mir schon zwei so liebe Briefe mit Erinnerungen an all die feinen und netten Stunden in Wien, Mödling, Allentsteig, usw. geschickt, dass ich daneben als ein ganz erbärmlicher Faulpelz oder Stümper erscheinen muss. Bei mir reicht's meist nur zu einer trockenen Karte. Das ist aber auch nicht immer <u>meine</u> Schuld.

Ich habe unter sehr schwierigen Verhältnissen Dinge geleistet, gestellte Aufgaben erfüllt, für die ich keine Vorbilder hatte; denn derlei habe ich nie gesehen oder mitgemacht[8]. In den letzten Tagen tat ich mich besonders schwer, weil ich nur ganz wenig Personal zur Hilfe hatte und mich so bei den Sprachschwierigkeiten, der räumlichen Ausdehnung und dem Mangel an genügend Telefonanschlüssen förmlich zerteilen musste. Dazu macht sich auch der nötige Selbstschutz gegen die „freundliche" Umgebung sehr erschwerend bemerkbar. Im Großen und Ganzen ist der Chef und auch ich selbst mächtig stolz auf meine Leistungen!

Im Übrigen musste ich über den Zeitungsausschnitt ehrlich lachen; es muss doch noch Leute geben, die wenig eigene Meinung haben. Ich bin in den vergangenen zehn Tagen um viele Erfahrungen reicher geworden und kann Dir nur so viel verraten - dabei soll nicht von mir die Rede sein - dass eine Hand voll deutscher Männer einen Staat zusammenhalten können! Mehr zu sagen verbietet mir die Schweigepflicht. Ich denke aber, dass dies auch für die Heimat wissenswert ist. Warum man aber in einer deutschen Zeitung kleine Wichte größer macht, kann ich nicht verstehen.

---

[8] **Anmerkung**: Ein vorsichtiger Hinweis darauf, dass auch die praktische Ausbildung zu Hause keine Vorbereitung auf die Anforderungen an der Front war.

Unser vierblättriges Kleeblatt ist wieder ganz gesund, wohnt noch am alten Ort und - rüstet vielleicht bald zu neuem Aufbruch! Das ist Soldatenlos. Kaum hat man sich etwas gemütlich eingerichtet, geht's wieder fort und das gibt immer kolossale Arbeit.

Die vielen lieben Sachen für Schnüs' Magen sind bis auf Karls Lebenselixier - ich trinke gerade Tee - längst am Bestimmungsort gelandet. Dies soll keine Aufforderung sein, mir ein Fresspaket zu schicken; ich ernähre mich grundsätzlich nur von Produkten, die man im freien Handel zum Teil auch schon schwierig, erhält: ein wenig Eier, Butter und gebratenes Geflügel. Die Preise ziehen natürlich überall an! Eine Gans = 20 RM, ein Huhn = 10-15 RM, ein Ei = 50-60 Pfennig! Ein Kilo Butter 15-20 RM. Wenn ich noch die Möglichkeit haben sollte, werde ich was für den Hasen besorgen lassen.

Sonst gibt's eigentlich kaum mehr besonders wissenswertes zu berichten. Augenblicklich ist es um uns etwas ruhig geworden, d.h. aber nicht, dass wir bei einem Eisenbahntransport nicht in die Luft fliegen können. Das Gesindel lebt noch immer! Gott geb's, dass wir wieder am Tod vorbei gehen.

Und nun, liebes Hasenmutsch, sei nicht bös, dass Hundi bereits die Feder aus den Pfoten hinlegen will; es ist 24 Uhr, der Sandmann streut Staub in die müden Augen. Morgen früh ist wieder Dienst. Für diesmal Schluss! Recht viele Rbs schickt der Kleine täglich abends zwischen 22 und 24 Uhr. Also bitte auf diese Welle einzustellen.

Der Hasenmutter und allen Verwandten und befreundeten Tieren herzliche Grüße, der Bettelkatze nochmals viele Rbs mit zahlreichen Pieps!

Schnü

Lieber HH!

Ich schreibe mit Bleistift weiter, weil es in den blüten-
weißen, wunderfeinen Spitalbetten mit Rosshaarmatrat-
ze und Drahteinsatz zu riskant wäre, mit Tinte zu
schreiben. Heute bin ich wieder um einiges gewandert
und schließlich zu einem Hamburger Chirurgen einer
norddeutschen Division als Hilfsarzt kommandiert worden. So bin ich denn nun eingezogen in einen ganz fa-
belhaften Prachtbau einer Kleinstadt. Ich gehöre aber
weiterhin meiner alten Einheit an.

Wie Du ja sicher vom Apothekerlein erfahren haben
wirst, war ich vor ein paar Tagen vom Chef in das schöne Lazarett zur Erholung, bzw. Heilung einer Angina
geschickt worden, in dem Heinz schon ein paar Tage
arbeitete. Heinz ging wieder zur Einheit zurück und ist
nun als AA[9] in seiner alten Verwendung.

In der Nacht, in der Scherrchen auf Besuch und
Durchfahrt bei mir war, wurde ich aus dem Paradies
abberufen, um nach ein paar Tagen ganz arger Hetzerei
wieder im Schlaraffenland zu landen. So nebenbei kam
ich heute bei Förster, Eglauer und Heinz zu Besuch an
und bekam so prächtiges, fettes Schwein mit Wein vor-
gesetzt, dass mir jetzt noch beim Gedanken an den
Fleischberg mit dem vielen Fett fast übel wird. Und im
eigenen Heim, dem drei Tage lang als Militärlazarett
benutzten Spital, bekam ich abends auch sehr gutes
Essen.

Augenblicklich ist kein Verwundetenanfall zu erwar-
ten, darum bin ich schon im Bett (21 Uhr), ein einmali-
ges Ereignis.

---

[9] AA = Assistenz-Arzt

Heute bekam ich außerdem Brief Nr. 12 von Dir, auch das Packerl kam an. Mama hat sich auch wieder gerührt.

Vom Nachbarzimmer, wo Zivilärzte hausen, dringt schöne Radiomusik durch. Lauter Gründe, um wirklich von Herzen einmal froh zu sein und ein Brieflein zu schreiben! Denn der arme Hase wartet ja darauf und er soll auch mal froh sein.

Dass mein Packerl beim Bereiten der Hasenmahlzeiten ein wenig mithelfen konnte, freut mich sehr. Wenn es mir möglich sein wird, zu helfen, werde ich an die denken, die Hilfe brauchen - bitte brav sein! Und nicht schimpfen!

Einen Bezugsschein[10] für eine Offiziersfeldschirmmütze alter Art werde ich wahrscheinlich erhalten und Dir dann zusenden. Besonders vielen Dank für Deine Bemühungen in diesem Zusammenhang. Unsere Einheit versorgt jetzt mehrere Sanitätseinrichtungen, so dass ich mehrfach da und dort hin kommandiert bin.

Hierzulande ziehen bereits die Einheiten mit langen Kolonnen einheimischer, landesüblicher Fahrzeuge, die mit Mann und Ross gemietet werden, durch die Gegend und treiben auch noch Rinder mit her; so auch unsere Einheit, auch manches Schwein muss dran glauben. Beute! Denn seit einiger Zeit hat der Angriff auf die Hauptkampflinie des Feindes begonnen; Ari[11] und auch Stukas[12] haben ihre Bunker behämmert, dann ging der Vormarsch zügig fort.

Und nun Margarete, muss ich schließen. Grüß mir Willi, Teti, Toni, Hansi und Peter! Liebe Empfehlungen

---

[10] Bezugsschein = Bescheinigung, die zum Kauf bewirtschafteter Waren berechtigte

[11] Ari = Artillerie

[12] Stuka = Sturzkampfbomber

an Frau Mama! Ich werde mich wieder rühren, sobald ich morgen Zeit habe. Nun sei auch Du noch recht herzlich gegrüßt! Also Schluss für heute - Fortsetzung morgen. Rb

Fritz

28.1.43.

Lieber HH!

Statt eines sehr langen Briefes, wie ihn sich L. immer wünscht, wird es diesmal nur ein kurzes Geschreibsel werden. Denn Schnü packt soeben seine sieben Sachen – Es sind wirklich sieben Gepäckstücke - denn er wird morgen das prächtige Krankenhaus verlassen und ca. 25 km näher zu den Schwalben hinziehen.

Ich bin gestern und heute viel in der Gegend herumgefahren und bat heute meinen Chef, mich von meiner Kommandierung wieder zurückzurufen, da das Auskommen mit dem Oberarzt nicht das Beste ist. Er ist ein sonderbarer Mensch, den auch seine Stammesgenossen nicht leiden können. Er soll sich nun alles alleine machen, was er ja auch anstrebt; ich bekomme keinen Nachfolger. Nun noch ein paar Kleinigkeiten:

1.) Luises Bilder brauche ich jetzt nicht.

2.) Bezugsschein hoffe ich zu bekommen.

3.) Butter bekommt man hier auf dem Markt um ca. 15 RM pro Kilo. Sie ist aber für unsere Begriffe schlecht und leicht verderblich. Versand sehr riskant.

4.) Frontzulage bekomme ich hier ausbezahlt.

5.) Standortgebührnisstelle ist verständigt.

6.) Otto Riegl ist vor ca. zwei Wochen als Truppensanitäter bei einer Einheit meiner Division aufgetaucht als

Ersatz für einen gefallenen Sanitäter. Ich habe dies beim Stab erfahren. Ich werde mich erst später einmal gelegentlich bei ihm zeigen. Ich bin nicht so gut zu sprechen auf ihn.

7.) Dies sollte eigentlich Punkt 1 sein, aber nun ist's schon geschehen: Tausend Küsse für das kleine Packerl mit den Rauchwaren und für die zwei Zeitschriften, die heute ankamen. Eine Bildzeitung mit Aufnahmen von dem aktuellen Ereignis[13] fand ich auch hier vor, es sind dies zum Teil andere Aufnahmen. Schreib mir bitte, ob Du ein zweites Exemplar hast zum Aufheben. Wenn ja, dann kann ich das zugesandte weggeben (sonst hebe ich's auf).

8.) Mama hat mir heute geschrieben, dass sie Dir Gemüse sandte.

9.) Dem Willi vielmals Hals- und Beinbruch!

10.) Dr. Winter, Truppenarzt bei einem unserer Infanteriebataillone, ist gefallen.

11.) Es geht mir gut. Habe heute viermal Schweins- bzw. Kalbsbraten gegessen; große Portionen mit Beilage um 13 Uhr, 15 Uhr, 17 Uhr, 19 Uhr. Ich werde trotzdem immer magerer.

12.) Viele Pieps mit Rbs, Handkuss an die Frau Mutter von

Schnü

---

[13] **Anmerkung:** Gemeint ist die Schlacht um Stalingrad.

Liebe Bettelkatze!

Schnü hat heute Dienst. Es ist Nacht; zu verschiedenen Zeiten kontrolliere ich die Posten in unseren Stellungen, stapfe dabei durch den frisch gefallenen Schnee und ziehe mich dann wieder in unsere Wohnstube zurück.

Da liegen an einer Wand entlang auf Stroh, das am Boden aufgeschüttet wurde, einige meiner Kameraden und schlafen soeben wieder ein, nachdem sie durch einen Alarm, den ich gab, aus seligem Schlaf gerissen worden waren. Jetzt ist wieder Ruhe. Daneben steht ein alter Lehmofen, der leider schon ausgegangen ist (beim Einheizen gefährdet er durch Rauchschwaden die ganze Belegschaft). An einer anderen Wand hat die Schreibstube sich niedergelassen und beim Schein einer Petroleumlampe, die allerdings mit Benzin in Betrieb gehalten wird, schreibt Schnü sein schon lange fälliges Brieflein an das Hasentier.

Untergebracht sind wir in einem Bauernhaus, das mit zwei anderen in einer Einöde auf einer Anhöhe liegt. Glücklicherweise ist hier nicht alles zerstört, so wie dies fast überall auf den Rückzugsstraßen des Gegners der Fall ist. Dieser kämpft mit großem Raffinement, Zähigkeit, Hinterlist und Grausamkeit. Angriffe werden fast nur mit gewaltiger Übermacht durchgeführt, so dass man immer auf Draht sein muss. Was der Feind bei seinem einstigen Vormarsch und jetzigem Rückzug nicht zerstörte, das hat unsere Artillerie, haben die Bomben und Stukas alles vernichtet. Zwei Drittel sämtlicher Häuser sind jedenfalls abgebrannt, fast nirgends ist eine ganze Fensterscheibe zu finden - und nur ganz vereinzelt sieht man im Vormarschgebiet ein menschliches Lebewesen; alles wird mitgeschleppt, bis auf Rinder- und Schafherden, Schweine, Hühner, Hunde und

Katzen. All dies Getier läuft entweder scheu umher, oder steht apathisch beim Gehöft. Fleisch, Speck, Hühner und Branntwein (in Fässern) für den Tisch gibt's reichlich. Im Rahmen des Erlaubten wirst auch Du von diesen Schätzen bekommen. Mein Putz Bujak oder ein anderer schickt kein Paket nach Hause, es wird daher unter seinem Namen (als Absender) ein klein wenig von etwas Seltenem an Dich abgehen. Bedanken <u>nicht</u> nötig[14]!

Heinz ist jetzt etwas weiter hinten und ich vorne. Dort ist alles zerschossen, nichts zu haben; hier ist's umgekehrt. Die Landschaft ist sehr schön, aber auch sehr zerrissen; Berge bis 1300 m ein Ski-Paradies - wenn Frieden wäre, er muss erst erkämpft werden.

Und nun, lieber HH, mach ich meinen nächsten Rundgang; schicke Dir aber noch zuvor viele Rb, die Du mit Deiner Löffelantenne sicher auffängst. Grüße an alle.

Fritz

N. S. War vor ein paar Tagen am Ausguck eines Minaretts einer schönen Moschee. Was sagst Du? Bin derzeit auf ein paar Tage nicht ärztlich tätig.

---

[14] **Anmerkung**: Diese Bitte wurde häufig geäußert, wenn sich etwas Unerlaubtes, wie zum Beispiel Schmuggelware oder Diebesgut, in den Päckchen befand. Dadurch sollte das Risiko minimiert werden bei der Zensur aufzufallen, die auch bei Briefen aus der Heimat durchgeführt wurde.

Lieber HH!

Ich bin noch kein Zittergreis, sondern schreibe im Führerhaus eines schweren Dieselwagens bei laufendem Motor. Augenblicklich hält die pferdebespannte Kolonne, eine von den vielen meist unendlichen, sie steckt irgendwo an einer Gebirgsstraße fest, wir können mit der Motorfahrzeugen nicht vor. Hier ist wieder Winter geworden, Schnee ist gefallen, ein eisiger Wind weht von den Bergen über weite Schneeflächen. Das Gebirge hat hierzulande übrigens einen ganz eigenartigen Charakter. Ich bin schon seit einer stattlichen Anzahl von Tagen von meiner Dienststelle weg und organisiere den Abtransport Verwundeter und Kranker von der in meist raschem Vorgehen begriffenen kämpfenden Truppe zum Hauptverbandsplatz. Zu diesem Zwecke stehen mir, nebst einem Beikrad[15] für meine Person (habe Fahrer mit), mehrere Krankenkraftwagen zur Verfügung, die ich - der Lage angepasst - auf den spärlichen Straßen verteile. Dazu bedarf es der vollen Ausnutzung aller Nachrichtenmittel, die einer Division zur Verfügung stehen (Funk und Telefon), einer Generalskarte und einer ständigen Fühlungnahme mit den Stäben der Truppen. Dazu errichte ich meist zwei bis drei Kranken- und Verwundetensammelstellen, die in elastischer Anpassung an die Lager häufig ihren Standpunkt ändern. Auch eine Tragetiergruppe mit einer Anzahl von Krankenträgern steht mir für den Abtransport im schwierigen Berggelände zur Verfügung. Alles in allem eine erkleckliche Anzahl von Personal, Tieren und Fahrzeugen Dabei habe ich auch häufig Gelegenheit, erste ärztliche Hilfe zu leisten. Dies alles erfordert ziemliche

---

[15] Beikrad = Beiwagen am Motorrad

Umsicht und Wendigkeit, Organisationstalent und manchmal auch Schnauze. All dies hat man an mir entdeckt; der Chef ist <u>sehr</u> zufrieden (wie ich auch hinten herum mehrfach hörte). Das Leidige an der Sache ist die Quartierfrage; ich schlafe wohl ab und zu in meinen Sammelstellen, dann sind meist Flöhe, Läuse, Wanzen, Russen, Mäuse und Ratten meine Zimmergenossen, häufig aber in einem kalten Krankenkraftwagen, am Lagerfeuer oder irgendwo in einem Schlupfwinkel in den Bergen. Mit der Verpflegung sieht natürlich auch nicht so gut aus, wie bei der Einheit; meist gibt's zu unregelmäßigen Zeiten, wie es eben die Aufgabe gestattet, kaltes Essen. Ein Lichtblick ist mein neu gefundener Putz, ein treuer und sehr aufmerksamer Begleiter seines Herrn, er liest mir jeden Wunsch von den Augen ab, auch wenn wir uns sprachlich oft nicht verständigen können.

Nun, lieber HH, sind wir längst selbst mit unserer Krankenkraftwagenkolonne, habe mehrere altreichsdeutsche, zu uns kommandierte Fahrer dabei, an einer Passhöhe, die 1150 m hoch liegt, in tiefen Schneewehen stecken geblieben. Alles Schaufeln, Schieben, gegenseitiges Abschleppen der Wagen half nichts; wir sitzen fest. Es ist Mitternacht und ein kalter Nordostwind jagt den Schnee über den Pass, ein fast russisches Schauspiel; auch nicht ganz ungefährlich; Partisanen greifen gern die Verbindungswagen an und schneiden sie ab. ~~In der~~

So sitze ich jetzt in meine Decken gehüllt im Sanitätskraftwagen und schreibe im Licht der flackernden Kerze dem HH ein längst geschuldetes Brieflein und danke ihm nochmals für das liebe große Paket mit den ganz wunderbaren Sachen. Dabei rauche ich eine Zigarre.

Ich hoffe, dass Du und Deine Mutti schon wieder voll gesund sind und wünsche Euch, sowie Ertls in jeder Beziehung das Allerbeste.

SOA[16] kommt wohl jetzt ins Rollen, was es sonst Neues bei der Einheit gibt, das allgemein interessant wäre, weiß ich nicht, da eigentlich nie anwesend. Heinz hat sich sichtlich zurückgezogen und ruht wohl auf seinen Lorbeeren aus, dort, wo's natürlich angenehmer ist. Aber das habe ich mir auch nie anders vorgestellt.

Nun, lieber HH, Schluss für heute, es ist 0:30 Uhr, morgens will ich mit dem Krad einige 40 km zu einer anderen Sammelstelle preschen, während meine Leute Schnee schaufeln. Hoffentlich komme ich durch Schnee und Partisanen.

Viele, viele Rb

Fritz

N.S.: Ich werde jetzt wahrscheinlich öfter Briefe bei fremden Feldposteinheiten aufgeben müssen; Handkuss an Frau Mama! Grüß Toni! Meine Anschrift bleibt dieselbe!

19.3.43.

Liebe Gretl!

Bin wieder zur Einheit gestoßen und musste feststellen, dass ich durch meine Tätigkeit als einziger „Frontoffizier" der Einheit plötzlich in höchstem Ansehen beim Chef und Divisionsarzt bin; denn ich habe auch wertvolle Erkundungsergebnisse für manch andere Abteilungen

---

[16] SOA = Stabsoffizieranwärter

der Division geliefert. Der Chef ist natürlich stolz, dass er dem Stab die Meldungen bringen konnte, bei der älteren Generation habe ich natürlich auch Sympathien; bei kleinen Wichten (natürlich) ist ein gewisses neidvoll-hänselndes Verhalten unverkennbar.

Ergebnis: die Offiziersanwärterangelegenheit kommt ins Rollen, worüber ich mich wirklich freue.

In diesem Zusammenhang habe ich einige Bitten an Dich, Deine Frau Mama und vor allem an Willy; ich bitte um diskrete und günstige Beantwortung (im Falle) einer Rückfrage durch Partei-Polizei bei Frau Mama, auf militärischem Dienstwege bei Willi.

Da ich vom 15.4.41-15.6.42 bei der Studentenkompanie in Wien war, glaubte mir der Divisionsarzt nicht meine Angabe, dass ich nur das zweite Trimester 1941 belegt hatte. Es stimmt wohl auch dies nicht, weil ich nun vorher ein Trimester schwarz und ein Trimester im Urlaub belegt hatte, aber eines musste ich ja doch angeben. Das zweite Mal vom Chef befragt, lautet die Sache nun so:
- Studium bei Studentenkompanie (15.4.41-15.6.42)
- Zweites Trimester 1941 (15.4.41-30.6.41)
- Pflichtfamulatur (Kommandiert in Wehrmachtslazarette 1.7.41-31.12.41)
- Restliche Zeit: Ablegungen der Prüfung

Also bitte Daten merken! Danke! Die Zeit drängt, damit Brief noch weggeht. In Bälde mehr! Herzliche Grüße an alle, Dein

Fritz

N.S.: Stimmt es, dass ich am 26. Mai 1942 fertig wurde und am 30. Mai promovierte?

Liebe Gretl!

Bin auf einem wahrscheinlich noch drei Tage dauernden Marsch mit den Fahrzeugen begriffen und übe mich mehr im Reiten als im Schreiben (des lang schon versprochenen Briefes).

Auf einer Marschpause kann ich nun einiges kritzeln und bei einer fremden Dienststelle aufgeben. Drum auch nur das wichtigste (für den Fall, dass der letzte Brief nicht ankam): meine langersehnte Angelegenheit bezüglich Anwärterschaft für das hohe Ziel kommt ins Rollen. Wegen einer allfälligen Rückfrage teile ich Dir und Willi vor allem folgende Daten mit:
- Belegt: Zweites Trimester 1941 (15.4.41-30.6.41)
- Pflichtformulatur (Kommandierung in Wehrmachtslazarette 1.7.41-31.12.41)
- Restliche Zeit der Zugehörigkeit unter Willys Fittichen (15.4.41-15.6.42)
- Ablegung der Schlussprüfungen 2 und 3 (1.1.42-26.5.42)
- Bei Willy 15.4.42-15.6.42

Diese Daten musste ich aus zwingenden Gründen angeben. Erklärung später.

Vielleicht gelingt es denn doch, in der großen Stadt, die wir (ich jetzt bei der Einheit) in einigen Tagen erreichen sollen, den ausführlichen, längst versprochenen Brief zu schreiben.

An alle herzliche Grüße, Rbs

Fritz

Lieber HH!

Schon eine Ewigkeit ist's her, seit das Schnü den Griffel zwischen seine Pfoten geklemmt hat, um dem armen vielgeplagten Tierli einige Minuten Freude zu bereiten. So mache nun die Augen auf und lies!

Hundi ist von einem neuen Ausflug in die Tschetnikgebiete[18] zurück, ist froh und munter. War diesmal ganz groß in meinem PKW gesessen, auch zeitweise im Kommandeurswagen gefahren, übrigens wird das Tierli immer mehr Begleiter und Gesellschafter des Oberstleutnant und darf nur ab und zu mit einem Spähtrupp mit (meist wenn der Kommandeur selbst mit tut). Im Übrigen wird Schnü bald alle Führerscheine erwerben, Klasse 1, 2, 3, 4. Dann werde ich mit allen möglichen Wagen und Krädern fahren, um wenigstens hierfür später einen Profit zu schöpfen. So ist der Schnü ähnlich wie einst in der Haydn-Stadt froh und glücklich, dass er sich nicht aus eigener Kraft fortbewegen braucht - solange es die Lage gestattet. Jetzt tut's mir allerdings wieder um mein Reitpferd leid. Statt des Pferdehalters habe ich einen PKW-Fahrer, einen Feldwebel als Schreiber. Mein Fahrer ist gleichzeitig Putze.

Übrigens hast Du mich gefragt, ob auch ich gegen Fleckfieber geimpft sei. Jawohl! Afferlgesicht ist als junger Beamter nicht so gefährdet, wie Ärzte und Leute

---

[17] **Anmerkung** = Um dem Feind beim Abfangen von Feldpost keine Hinweise auf deutsche Truppenbewegungen zu geben, wurden Briefe oft nur mit „O.U." (Ortsunterkunft) als Absender verschickt. Selbst eine versehentliche Erwähnung der Stellung durch den Soldaten konnte ein Kriegsgerichtsverfahren nach sich ziehen, wobei die Bekanntgabe der aktuellen Position als Wehrkraftzersetzung galt und streng bestraft wurde.

[18] Tschetnik = Angehöriger von völkischen und antikommunistischen serbischen bzw. montenegrinischen Milizen

über 40 Jahren. Feldmützenbezugsschein hast Du natürlich schon längst erhalten - hoffe wenigstens. Kleiderkartenpunkte: Lass mich noch ein wenig nachdenken und erinnere mich rechtzeitig. Die Zwei-Kilopakete sind hier seit ca. zehn Tagen (schon berichtet und bedankt).

Der Stabsarzt, den ich vertrete, ist derzeit noch in der Nähe, es läuft aber für ihn ein UK-Stellungsantrag[19], wie ich hörte; er habe Aussicht auf Freistellung, weil die Stuttgarter Gegend jetzt sehr an Ärztemangel leidet. Es wird also vielleicht die Möglichkeit bestehen, auf diesem Platz zu bleiben; es ist für mich kein schlechter Tausch, ich komme von einer Z- auf eine K-Stelle[20].

Sonst weiß Schnü heute nicht viel, obwohl er sich vornahm, sehr viel zu schreiben. Er weiß ja, wie wohltuend es ist, vom anderen Tierli einen langen Brief zu kriegen. Piep. Bitte den ja nun bald fertiggebackenen Doktor Ertl zu grüßen, ebenso Ma Ertl mit Max und Moritz, den Toni und die Dickl. Rbs

Schnü

N.S.: Handkuss an Frau Mama!

---

[19] UK = Die Unabkömmlichstellung (UK-Stellung) war eine befristete oder widerrufliche Entlassung oder Nichteinziehung von Fachkräften, die zur Durchführung einer Reichsverteidigungsaufgabe der Kriegswirtschaft, des Verkehrs oder der Verwaltung unentbehrlich und unersetzbar waren

[20] Z-Stelle = Zugführer / K-Stelle = Kompaniechef

Liebe Gretl!

Ich vermute, dass Du wegen meiner Schreibfaulheit schon wieder mächtig fluchen wirst. Vielmals Piep, dann ist wieder alles gut. Wie Du weißt, haben wir am 16.5. früh in aller Eile unser altes liebes Quartier verlassen, um einen 200-300 km weiten Spaziergang zurückzulegen. Das ist uns auch prompt in einem Tag und einer Nacht gelungen. Nun sind wir in prächtiger Umgebung, die allerdings nichts anderes als Schönheit der gebirgigen Landschaft zu bieten vermag. Über mein Quartier darf ich allerdings auch hier nicht klagen; ich wohne mit Oberleutnant Thierauf (einem Kompanieführer unserer Abteilung) in einem sauberen Zimmer mit guten Betten ohne Wanzen! Das ist immerhin fein.

Apropos Oberleutnant Thierauf: ein sehr netter Schwabe, aus der Stuttgarter Gegend gebürtig, Elektroingenieur bei Gemeinde Stuttgart, Reservist; ein Mann von 33 Jahren, der großen Wert auf gutes Essen legt. Ich bin bei ihm gut aufgehoben. Ich habe beispielsweise gelernt in seiner Schule zum Frühstück und Abendessen als „Leckerbissen" junge Zwiebel zu essen (nach Art von Rettich). Ich werde mich in Wien wohl nicht mehr bewegen können!?

Und nun zum Schlimmsten, liebe Margarete. Gerne hätte ich Dir und Deiner Frau Mama - wie schon unlängst erwähnt - eine kleine Freude bereitet mit Eiern, Zwiebeln und Zigaretten. Ob da der Teufel mit im Spiel ist, weiß ich nicht, aber es scheint so. Recht ärgerlich war die Sache schon, als mir unlängst das Kommando das Kisterl nicht mitnehmen konnte, weil die Fahrt abgeblasen wurde. Aber das mir das Zeug im neuen Einsatz nun, nachdem ich es fast 300 km mitgeschleppt habe, auch noch verloren geht, bringt mich in Weißglut.

Zum Überdruss kann ich nun derartiges Gut nicht mehr in diesen Mengen kaufen, da meine Ersparnisse an Wehrsold vom Januar-März-Einsatz her erschöpft sind. Dass wir alle von unserer Abteilung durch den Einsatz die Gelegenheit verpasst haben, die in der vergangenen Woche gestattete Wehrmachtssendung von 10 kg in die Heimat zu schicken, ist Ironie des Schicksals. Es ist einfach zum Kotzen; die Leute, die im Trockenen sitzen, werden die Gelegenheit wohl genützt haben.

Was treibe ich nun den ganzen Tag? Es wird Dich sicherlich interessieren. Da die Truppen, die ich zu betreuen habe, 40-50 km auseinanderliegen, fahre ich täglich die Strecke ab; mache auch (meist jeden zweiten Tag) Spähtrupp-Unternehmen mit, wenn mehr als eine Halbkompanie dabei beteiligt ist. Es wird nicht lang dauern, so werde ich alle wichtigen Höhen der Umgebung abgestreift haben. Eins ist sicher, zu Gebirgstruppen werde ich mich nie freiwillig melden.

Hase, es ist Alarm! Ende. 22 Uhr.

25.5.43, 4 Uhr früh

Es geht weg, 30-50 km. Wann ich wieder zum schreiben komme weiß ich nicht. Leider kann man auf die Berge nicht mit dem Auto fahren. Dazu keine Gebirgsausrüstung, aber Regenwetter!

Viele Rb! Handkuss an Frau Mama! Gruß an den jungen Doktor! Rbs

Fritz

N.S.: Bitte ruhig bleiben!

Liebste Gretl!

Ich habe nur ganz kurz Zeit zum Schreiben. Heinz fährt abends auf Urlaub und nimmt den Brief mit. Ich übernehme jetzt die Innere Abteilung, die früher Heinz führte; es gibt - besonders bis man eingearbeitet ist - Arbeit in Hülle und Fülle. Die berühmten Krankengeschichten müssen für 100-150 Patienten selbst geschrieben werden, dabei macht man gleichzeitig Zimmer- und Abteilungsarzt, plus Ambulanz. Wenn Heinz jammerte, hatte er wirklich recht. Andererseits hat man als Arbeitsstätte und Heim ein mitteleuropäisches Haus. FPN 46276 - Zirkus Förster!

Apropos Urlaub, nach Heinz fahre ich, das kann man als zu 99 % sicher annehmen. Man bekommt zwanzig Tage und zwei Reisetage. Mache bitte einen Vorschlag, wohin ich zuerst fahren soll, Zeiteinteilung, etc.!

Das nächtliche Studium beginnt, ich freu mich aber doch sehr darüber. Urlaub, Urlaub, Urlaub folgt. Fein! Muss leider schon schließen. Herzliche Grüße an alle. Rb

Fritz

Lieber HH!

Heute Abend hätte Dir, lieber HH, Assistenzarzt Schnü gerne ein längeres Brieflein geschrieben, wäre er nicht von der mehrtägigen Tag-und Nachtarbeit (meist bis 3 oder 5 Uhr früh) und von der gestrigen Beförderungsfeier, die der Chef anschließend an die Bekanntgabe abends veranstaltete, todmüde. Der Ansturm von Patienten war in den letzten Tagen enorm - wie noch nie[21]. Dazu musste ich aus dem Nichts in einem ehemaligen modernen, aber total vernachlässigten Eisenbahnerholungsheim binnen weniger Stunden aus dem Nichts eine neue 60-Betten-Abteilung einrichten. Entfernung der neuen Abteilung von meiner alten 2 km; den Weg fahre ich im PKW zur Tages- und Nachtzeit oft genug hin und her.

Nun für heute sagt Dir Schnü vielmals Piep und bittet Dich, Deiner Frau Mama einen Handkuss zu bestellen, dem Willy samt Familie und Toni einen schönen Gruß. Rbs

Fritz

N.S.: Mit dem Schreiben wird jetzt sehr mies werden wegen allzu großer Beanspruchung - wirklich keine Ausrede.

13.7.43.

Lieber Hasenhase!

Deine vielen Briefe, die seit 26.6. bei meiner Dienststelle einliefen, habe ich durch Kurier erhalten, auch drei Packerl; Piep! Die Handschuhe noch nicht. Ich bin hier am alten Wirkungsort von Heinz festgehalten und kann mit meinen Gütern und ziemlich zahlreichen Männern nicht weg von hier; wie lange noch? Wahrscheinlich ein paar Wochen. Bin nicht ärztlich tätig.

---

[21] **Anmerkung:** Hinweis an die Heimat auf starke Angriffe des Feindes und (im Folgenden) Rückzug der Deutschen bei schlechter Versorgungslage.

Dass ein Offizier bei der erklecklichen Anzahl von Unteroffizieren und Männern, Tieren und Material bleiben muss, sehe ich ein. Dass ich es gerade durch des Schicksals Fügung bin, ist einerseits Pech (Urlaub!), andererseits eine kleine Ausspannung gegenüber den vorangegangenen Wochen. Bin eigener Herr!

Ich habe hier mit Bestätigung des Chefs (nachdem ich bereits eine Woche infolge völliger Trennung vom Zirkus Förster selbstständig regiert hatte) einen eigenen Laden aufgemacht mit allem Drum und Dran. Nachdem ich einen kleinen Wortkampf mit Führern von SS-Truppen um Quartiere, Ställe etc. geführt hatte, sind meine Männer tadellos untergebracht, ebenso meine Pferde.

Nun herrscht wieder einmal Kasernenbetrieb mit allen Schikanen - und Schnü ist in der Mitte. Um mich fast lauter Deutsche - neugekommene Männer, leider über 40 Jahre alt. Ihr natürlicher Widerstandswille gegen eine bedingungslose Unterordnung ist Gott sei Dank in den letzten Tagen gebrochen. Ich bin sehr zufrieden. Halte einen Kurs ab.

Bloß mein Urlaubspech ärgert mich sehr. Sobald ich mich nach Herstellung einer großen Eisenbahnbrücke mit Zirkus Förster wieder vereinigen kann, schätzungsweise in 3-4 Wochen (frühestens), fahre ich natürlich.

Hier herrscht tiefster Frieden. Ich sitze heute Abend nach einem Bummel durch die äußerst beliebte Hauptstraße im städtischen Café gegenüber dem Stadtpark. Musik, westliches Publikum. Habe eine nette Unterkunft, Schlafkabinett und Wohnzimmer bei zwei uralten (!) deutschen Schwestern. Heinzens Hundzi „Tito" haust bei mir. Diesel ist momentan mein Bursche. Sonst nichts Neues!

Auf Schritt und Tritt
hüpft (nur!) Tito mit!

Übrigens schmeißt sich das Tierli alle Augenblicke vor mir auf den Boden, streckt die Füße alle in die Luft, lässt sich an Hals, Brust und Bauchli kraulen, verdreht dabei gottsjämmerlich die Augen und will's gar nicht glauben, dass ich auch wieder weitergehe. Mein Zeitvertreib. Jetzt allerdings ist der erste Kurier eingetroffen, den ich zu Förster schicken konnte. Er brachte eine Menge Post vom Hasen. Piep. Da habe ich viel zu lesen. An die Feldpostnummer der SS-Einheit bitte ich nichts zu schicken, weil ich nicht weiß, wie lange ich bei Ihnen angeschlossen bin. Es fährt öfters ein Postholer weg. Dieser Brief geht wieder ein Stück Weges per Flugzeug.

Sonst bitte sei nicht bös, dass ich Dir wiederum das Programm über den Haufen geworfen habe. Es tut mir selbst am meisten leid, dass es wieder nichts wurde mit dem Urlaub.

Dem Hasen, seiner Mama, Willy, Toni viele Grüße. Rbs

Fritz

Unterwegs, 24.8.

Lieber HH!

Schnü schreibt im fahrenden Zug, darum diese sonderbaren Schnörkel. Noch keine Alkoholwirkung, habe allerdings schon einiges vom Schnaps genippt! Jetzt steht- der Zug. Schnü ~~der Zug~~ /doch Alkoholwirkung!/Benützt den Moment, um dem Hasenhasen Pie_____p zu sagen. Es war so schön! Schnü kommt bald wieder.

***

41

Habe leider in A. gleich Anschluss gehabt. Macht nichts. Bin nun schon auf die kommenden Ereignisse gespannt. Der Herr Major hat mich dann in Ruhe gelassen. Hab allerdings nicht viel geschlafen.

Nun Hase, für diesmal viele Pieps. Ich melde mich bald wieder.

1000 Rbs

Schnü

25.8.43.

Lieber Hasenhase!

So bin ich denn wieder im Zirkus Förster eingetreten. Nach dem Urlaub immerhin eine kleine Ernüchterung. Der neue Stabsarzt soll als Internist wirken, ich werde vorläufig bei ihm tätig sein. Heinz spielt „Tausendfüßler", seine künftige Stellung ist noch völlig unklar. Auf meiner Abteilung ist er Gott sei Dank nicht beschäftigt. Übrigens trägt er in aller Bescheidenheit seit 2-3 Tagen das EK II[22], dass er für seinen einzigen Außeneinsatz nach seinem Erholungsurlaub erhielt. Es sind also wieder Orden eingetroffen. Förster hat ihn vor seiner eigenen Abfahrt eingegeben. Man spricht allerdings wenig von dem Einsatz. Hase - bitte nicht zerplatzen, sondern brav sein, so brav wie Schnü; auch ich werde weiterhin ein guter Soldat sein, so gut ich es eben kann. Heinz und andere sagen, es sei seine erste Auszeichnung nach sechs Jahren Dienstzeit. Bis dahin habe ich also noch Zeit. Heinz meint, im Frankreichfeldzug hätte er das EK

---

[22] E.K. II = Eisernes Kreuz zweiter Klasse, Auszeichnung für besondere Tapferkeit

lieber anderen zukommen lassen, sein Wunsch wäre nur das Studium gewesen.

Lieber Hase! Für heute sei's genug. Schönen Gruß dem Willy (und gute Besserung) und Toni! Handkuss an Frau Mama. Dazu viele lange Rbs für Dich

Schnü

N.S.: Meine künftige Stellung ist scheint's niemandem klar. Förster liegt noch im Lazarett.

30.7.43.

Liebste Gretel!

Habe meine Aufgabe erledigt, erfuhr aber bei der Kompanie vom Chefstellvertreter (Förster auf Urlaub), dass er mich jetzt nicht weglassen könne. Ich war nicht auf den Mund gefallen; er will eben nicht. Förster kommt in vierzehn Tagen, dann komme ich wohl sicher?!? Armer enttäuschter Hase. Piep.

Das ist der „nette Oberösterreicher, Chirurg"! Noch dazu ist gestern ein kroatischer Assistenzarzt von Burians Division zu uns gekommen, es soll dafür ein Deutscher von uns zu Burians Verein. Wen trifft das Los? Heinz hätte unlängst schon wegkommen sollen. Vielleicht bin's ich. Jedenfalls wieder Zeit, sich in Wien um Beziehungen umzusehen. Ich möchte mich gerne umsehen, ob es keine Möglichkeit gäbe, in eine Augenabteilung eines Kriegs- oder Feldlazaretts zu kommen; besteht die Möglichkeit, dass mir dies von Seiten der Ärztekammer als Fachausbildung angerechnet wird? Kann man ohne Fachausbildung überhaupt hinkommen? Gibt es sonst wo eine nette Stelle beim Feldheer? Wenn möglich, bitte ich ein wenig vorzufühlen. Eigemann fährt heute wieder auf Sonderurlaub. Scherr heiratet und fährt dann nach Russland, ist jetzt Feldapotheker.

Hier wird in keiner Beziehung mehr mit offenen Karten gespielt, es gefällt mir nicht mehr. Zur Infanterie kann ich noch immer kommen, dazu brauch ich Eglauer nicht. Körperlich bin ich ziemlich herab, wiege nur mehr 57 Kilo. Und Anerkennung findet man außer bei Förster nirgends und der scheint sich jetzt auch um was anderes umzusehen. Viele Grüße

Fritz

2.9.43.

Lieber Hasenhase!

Der kleine Schnü hat heute Dienst und setzt sich in der Ambulanz (sein Reich) ans Tischchen beim Fenster und blickt ein wenig über die Dächer der Stadt. Dann nimmt er eine Feder in die Pfote und schreibt dem Hasen ein kleines Brieflein - damit der sich auch ein bisschen freuen kann.

Denn Schnü weiß, wie wohl ein Brieflein tut, wenn's von einer lieben Pfote kommt. Sieben lange, lange Briefe hat er bis heute schon bekommen vom Hasen und nun will er dafür mal Piep sagen und dem armen, zurück in der Heimat gebliebenen Tierli auch die wenigen Neuigkeiten erzählen die es hier gibt.

Der Chef: liegt noch in Linz im Lazarett, ob er wieder kommt, weiß niemand.

Eglauer: hat mit den Männern, die man ihm als Ersatz für Heinz und mich zur Einheit versetzt hatte, schlechte Erfahrungen gemacht; zwei von dreien sind wieder weggekommen, es sind kroatische Jammerfiguren, ein AA (Frauenarzt) und ein hilfloser UA. Der neue STA, der dritte im Bunde, ist reichsdeutscher Weltkriegsteilnehmer, Schlesier, Lungenspezialist, sehr nett, für die Innere Abteilung, will weg, weil er Balbo, der schon wieder da ist, ebenso wenig leiden kann, wie dieser ihn. Also auch er kommt weg.

Der neue Apotheker: ruhig, zurückhaltend, sonst ganz nett.

Heinz: hat vor wenigen Wochen einen Kurs im Reich gemacht und verzapft nun sein neu gewonnenes Wissen im Rahmen unserer Einheit. Sonst ist er noch auf der Infektion und organisatorisch beschäftigt. Von Überanstrengung keine Rede.

Schnü: Nachtambulanz und Truppenarzt. Bin auch nicht überanstrengt, es ist überhaupt bis jetzt Gott sei Dank mal flauer Betrieb.

Erb: Stabsarzt und im Nebenberuf Geschäftshaber, hat sein Pöstchen beibehalten, ist nur zeitweise bei uns, sonst bei seiner alten Einheit beschäftigt; ob dies so bleibt, weiß man nicht. Heinz ist als Bewerber für seinen Posten auf jeden Fall, ich bin wahrscheinlich ausgefallen; macht nichts. Bei den anderen Herren ist keine Veränderung eingetreten. Es ist also alles beim Alten geblieben.

Ich wohne wieder bei den beiden alten Frauen; hab also ein recht gutes Quartier, nachdem ich 2-3 Tage in Heinzens Krankenhausbude von Wanzen geplagt wurde; dann hatte ich gerade Reißaus genommen, bevor Heinz es tat.

Sonderbarerweise will man mich augenblicklich nicht hergeben. Die Offiziere der Abteilung, bei der sich Otto befindet und auch ihr Truppenarzt, der sich jetzt auf Urlaub begeben will, aus dem er scheint's nicht mehr zurückkehren will, möchten mich als Truppenarzt, bzw. als Vertreter. Ich bin ja öfter zum Einsatz bei ihnen vorübergekommen. Sie möchten einen Draufgänger, wie mir einer vor wenigen Tagen gesprächsweise sagte. Wieso sie auf mich verfallen, weiß ich nicht, sie bemühen sich jedenfalls um mich. Warum mich Eglauer jetzt wieder nicht abgeben will, entzieht sich meiner Kenntnis. Vielleicht weil ich dort definitiv werden könnte mit einem Hilfsarzt unter mir. Sag Hase, lieber Hase, leide ich an Verfolgungswahn oder was ist das sonst? Ich tue jedenfalls jetzt nichts dazu und nichts dagegen.

Und nun, lieber Hasenhase, macht der große und der kleine Schnü ein recht freundliches Gesicht, machen beide Männchen, um dem lieben Tierli zum kommenden Burzeltag alles erdenklich Liebe zu wünschen; beide denken oft ans Lumpi und freuen sich über seine Brieflein, für die sie mit vielen Pieps und Rbs danken. Leider kommt Schnü mit leeren Pfoten, nur mit besten Wünschen. Ganz was kleines, ein wenig Tabak, hab ich schon fürs nächste Päckchen, nimm's bitte für ein Zeichen guten Willens, mehr zu geben.

Meiner Mama hab ich gestern geschrieben, dass demnächst ein Urlauber meine hier erworbenen Stiefel nach Wien bringt, vielleicht auch ein wenig Seife (die ich Dir im Päckchen mitschicke). Du kannst ihr also nun über die Ankunft der Stiefel schreiben, wenn Du eben willst.

Hoffe, dass es Deiner Frau Mama schon wieder besser geht, ebenso dem Willi. Mit Handküssen und herzlichen Grüßen rundum und nochmaligen besten Wünschen an den Hasen empfiehlt sich

Schnü

Liebstes Hasentier!

Endlich Wort gehalten! Lumpi schon bös? Fürchte eher, dass es sehr besorgt war. Hundi ist wieder im alten Zirkus, hatte - nachts aus dem Bett geholt - einen kleinen Ausflug ins Partisanengebiet gemacht. Stabsarzt Dr. Erb war in derselben Nacht mit einem Krad verunglückt (Schienbeinbruch, fällt für uns überhaupt nunmehr aus), ich musste ihn beim Unternehmen seines Regiments vertreten. Fuhr also um 2:30 Uhr früh los und meldete mich eine Stunde später beim Regimentskommandeur (neu in den Raum gekommen, Major, Ritterkreuzträger, Reservist; habe mich mit ihm und seinen Offizieren in der Folge äußerst gut verstanden). Um 5 Uhr wurde zum Kampf angetreten. Leider musste ich bald in Tätigkeit treten. Vormittags fiel dann auch der Kommandeur einer Artillerieabteilung durch Volltreffer einer feindlichen Granate in einer Geschützbedienung. So geschehen vor meiner Nase; einigen konnte ich nicht mehr helfen. Am nächsten Tag gab es in der Abenddämmerung und in der Nacht ein heftiges Gefecht, bis sich Schnü dann im erstbesten Ort um 4 Uhr früh zu einem guten Nickerchen hinlegen konnte, nachdem er dem lieben guten Mond ans Lumpentierli viele Rbs aufgegeben hat. Nach vier bis fünf Tagen war der Einsatz zu Ende; nachdem ich noch einige Tage bei der Truppe geblieben war, kehrte ich nun zum Zirkus Förster zurück.

Apropos: Förster kommt nicht mehr, Balbo hat Ersatz angefordert. Stabsarzt Erb ist verunglückt, geht jetzt in die Heimat. Er war einst mein Konkurrent, wie Du weißt; Heinz hat seinen Laden während meiner Abwesenheit geführt und will - da staunst Du - ihn mir unbedingt abtreten. Im Einsatz riet er mir, ich solle auf mich aufpassen. Er war die ganze Zeit daheim und hat allerdings mit unseren Leuten viel zu tun gehabt. Was mag hinter seinem neuen Spiel wieder stecken? Ich weiß nicht, wieso das kommt, ich kann ihn immer weniger leiden - gelinde ausgedrückt. Nach meiner Rückkehr aus dem Urlaub erzählte er, er möchte nicht vor Weihnachten in den Urlaub fahren, weil er nicht früher heiraten wolle wegen Krieg, usw.! Jetzt spricht er davon, im Krieg sei ihm das Heiraten überhaupt zu riskant, von wegen der Gefahr, der er sich aussetzen müsse. Ein neuer Internist, Stabsarzt, ca. 30-32 Jahre alt aus Wien, Dr. Koibl, ist zu uns gekommen für den abgehenden Stabsarzt Petzold.

Lieber Hase, das Brieflein geht zu Ende, d.h. Schnü hat großen dicken Schlaf. Und er sagt Dir viele viele Pieps mit Rbs und dankt Dir für die dreißig Briefe, die ich bisher erhielt. Es fehlt bloß Nr. 28, in dem scheinbar die erste Nachricht von Willys Versetzung steht, wie ich aus den folgenden Nummern entnehme. Ich bitte Dich, ihn von mir herzlich zu grüßen; ich möchte ihm ganz dringend raten, alle Hebel in Bewegung zu setzen, zu einer Sanitätskompanie zu kommen.

Also, lieber Hasenhase, für heute Schluss, Ohrli hoch, Hundi ist wieder in Sicherheit. Bei uns ist keine Feldpostsperre. Viele Rbs

Fritz

2.10.43.

Lieber Hasenhase!

Habe heute Deinen lieben Brief mit der Schilderung der Kreuzer-Reise erhalten. Freue mich wirklich, dass Du nicht enttäuscht warst. Wir hocken hier noch im selben Nest, eigentlich schon eine kleine Ewigkeit. Zur Abwechslung errichten wir ein Lazarett zusätzlich zum bestehenden, das uns einst ablöste. Wir denken allerdings, dass das Bleiben nicht von allzu langer Dauer sein wird.

Heinz hat mir die Sache abgetreten, um die einst der Kampf ging. Meine neue Aufgabe, die ich dann wegen Einsatzes nicht gleich in Angriff nehmen konnte, habe ich mit Interesse und auch Erfolg begonnen. Sie bezieht sich auf eine rein organisatorische Tätigkeit, Aufbau des Sanitätswesens bei einem größeren einheimischen Verband. Hatte jetzt in dieser Funktion bei einem deutschen Arbeitsstab gleich einen größeren Bericht an eine sehr hohe Dienststelle abzugeben, der nach Ansicht des Führers des Stabes ungeschminkt und ausgezeichnet treffend war. Wer meine Tätigkeit natürlich gleich belächelt und herabsetzt, ist Heinz, dem ich aber im Kasino[23] öffentlich heute ums Maul fuhr und sein Verhalten zumindest als taktlos bezeichnete. Er macht sich langsam verhasst bei mir.

Lieber Hase, Du schreibst wegen Mehlspeise, etc.! Bitte, bitte schicke mir nichts. Von Deinen Päckchen ist jetzt erst eines gekommen. Es ist schade! Gar mancher Waggon liegt nämlich ausgebrannt an der Strecke. Die Bahn ist hier sehr überlastet. Die Paketpost geht mit Postzügen, Briefpost dagegen mit Soldatenfahrzeugen. Liebes Häschen, Schnü denkt viel und oft an Dich und schickt täglich liebe Pieps nach Wien.

Schnü

---

[23] Kasino = Speise- und Aufenthaltsraum beim Militär

Lieber Hasenhase!

Du schimpfst sicher schon auf das böse Hundi, dass es nicht schreibt. Bin leider nicht schuld daran, sondern die Herren von der Gegenpartei. Kaum hatte Schnü das letzte Brieflein aufgegeben, als es in den neuen Einsatz musste. Es pfeift stets hart um die Ohren, wenn Schnü seine Verwundeten nach hinten schafft. Ich komme eben vom Einsatzort, 60 km zu einem größeren Bahnknotenpunkt, wo ich schon mal einige Wochen verlebte. Musste die Verwundeten mit einem Panzerzug hierher schaffen, weil mit Sanitätswagen nicht durchzukommen war. Mir obliegt wieder einmal der Abtransport. Hatte eben mit Heinz über 200 km Entfernung gesprochen, der mich um den Einsatz beneidet, wie er sich ausdrückt. Balbo hat mich als sehr geeignet dazu auserwählt.

Margarete bitte einen schönen Gruß auszurichten. Toni (falls er Bilder macht) ebenso. Und wenn Du Willy, den neugebackenen Regimentsarzt siehst, so sag ihm, er soll mir mal seine Feldpostnummer bekannt geben.

Also, liebes Häschen, genug für heute, es ist schon 8.10.43. Nun legt sich's Hundi aufs Stroh und träumt vom Lumpi, Piep! Morgen früh geht's wieder raus. Keine Angst bitte, es muss eben sein, und der Kreuzer geht nicht unter.

Handkuss an Frau Mama. Viele liebe Pieps und Rbs

Fritz

Lieber Hasenhase!

Du wirst wohl schon bemerkt haben, dass ich weiterhin den Dummen spielen muss. Das schwerste eines beschissenen Einsatzes ist vorüber (habe aus einer eingeschlossenen Truppe über mehr als 10 km durch feindliches Feuer Verwundete in rasenden Tempo herausgefahren und ein späteres Mal unter heftigem Beschuss von Krankenkraftwagen in einen Panzerzug verladen) und nun soll ich als Urlaubsvertreter zu einem weit von hier entfernen Infanteriebataillon oder sowas ähnlichem. Werde dann bei der Durchfahrt bei Heinz bestimmt Erschöpfungserscheinungen infolge vielen Kinogehens feststellen müssen.

Nun gut, der schneidige aber gemütliche Münchner, der einst bei Otto war, soll seinen Urlaub haben, dem Armen ist von Fliegern alles kaputt geschlagen worden[24].

Deine lieben Briefe habe ich heute zu einem Päckchen gesammelt durch Kurier bekommen, viele, viele Pieps. Schnü kann beim besten Willen derzeit nicht mehr schreiben. Liebes Margaretchen: viele Handküsse an Mama! In Eile noch viele Grüße an Teti samt beiden Bengels. Sonst noch an Toni (aber nur, wenn er Bildchen kopiert). Es ist zum Kotzen, dass ich Dir immer nur Briefe verspreche, aber nicht schreibe. Gern bin ich nicht so wortbrüchig, das weißt Du, man kann halt nichts machen, es ist bei mir fast ständig einsatzbedingt. Riegl ließ schon lange nichts von sich hören.

---

[24] **Anmerkung**: Eine Woche vor diesem Brief hatte es einen schweren britischen Luftangriff auf München gegeben, mit 906 Verletzten und 233 Toten. Spontanen Heimaturlaub bekam nur, wer vollständig ausgebombt war oder einen dieser Toten zu betrauern hatte.

Aber nun Schluss mit den Kurznachrichten, etc.! Der Schnünzelhund empfiehlt sich mit vielen Pieps.

Schnü

N. S.: Heute kamen vier Päckchen an. Piep!

22.10.43.

Liebster HH!

Schnellbrief! Geht durch Urlauber! Paket (Staibel) gut erhalten. Pie_____p! Die Bilder machen mir viel Freude, auch Dein liebes Bildchen (auf Bank) erhalten. Zwei Filmrollen ausgeschossen, werden unentwickelt demnächst übersandt. Es geht mir gut. Vielleicht gibt's nach Rückkehr zum Zirkus Förster Urlaub. Behalte bitte bei Dir vorerst, auch Mama noch nichts sagen. Nebenbei - aber noch nicht zur Benutzung - zwei Zulassungsdaten.
   Alles Liebe. Handkuss an Mama! Rbs

Fritz

1.11.43.

Lieber HH!

Danke für die einstweilen eingelaufenen Briefleins, vielleicht liegen schon wieder neue bei Heinzens Verein, und für das heute angekommene Schmierler-Paket. Nun haben also Steibel und Schmierler brav ihre ihnen anvertraute Post richtig abgegeben. Dir und Deiner Frau Mama vielmals Piep.

Bei mir gibt's nicht sehr viel Neues, steige bloß auf diesen und jenen Berg, wobei mir meine neue Bekleidung sehr nützlich ist. Übrigens bin ich im Begriffe, Bezugsscheine für eigene Bergschuhe und Keilhosen zu bekommen. Hoffentlich finde ich auch dann in Wien das geeignete Geschäft. Ich bitte, dem Heinz davon nicht Mitteilung zu machen (über Traute), da er mich einst in ähnlichem Fall auch nicht rechtzeitig verständigte.

Die Bildchen gefallen mir recht gut. Weil wir gerade bei Bildchen sind: die Fotos, die ich in Krems machen ließ, werde ich dem Hasen beim nächsten Urlaub überbringen. Piep.

Meine Einstellung zu den Truppenoffizieren, die meist von Sanitas[25] nichts wissen wollen - die Rücksicht auf den Verwundetenabtransport hemmt sie in ihren Plänen - hat sich seit dem letzten großen Einsatz (dieser nicht gerechnet) grundsätzlich geändert. Ich erbitte von jedem Kommandeur nur mehr den Befehl zum Abtransport, mache keine gewagten Sachen mehr auf eigene Faust; man erkennt die Leistung nicht an, lacht vielleicht darüber; wenn's schief geht, heißt es dann womöglich noch, man hätte ohne Befehl gehandelt.

Die beiden Päckchen sandte ich zwischen den beiden Einsätzen ab. Habe mir es erspart. Viele Rbs

Fritz

---

[25] Sanitas = Lateinisch für „Gesundheit"

Lieber HH!

Du schreibst mir, dass ich in einem der letzten Briefe auf die Rbs vergessen hätte; sie werden selbstverständlich in natura zehnfach nachgeliefert, sobald ich auf Urlaub komme. Wann das ist, wissen die Götter (Balbo und Eglauer). Habe heute auf der Durchfahrt nachgefragt: Eglauer ist dafür, dass ich nach Rückkehr zum Verein und nach Erledigung einiger Angelegenheiten losfahre; er will's dem Balbo vortragen. Es hängt also nur von ihm ab. Voraussichtliches Datum der Abfahrt: 20.-25. 11.

Da ich ja voraussichtlich im laufenden Urlaubsjahr 1.10.43-1.10.44 ein zweites Mal fahren kann, möchte ich meiner Mama sagen, dass ich im Anschluss an einen Kurs im Reich, wie einst Heinz, ein bis zwei Wochen Sonderurlaub bekäme. So könnte ich etwas länger beim Hasenhasen bleiben (Mödling und Wien; Theaterkarten würde ich mir selbst in der Standortkommandantur besorgen). Möchte auch wieder ein wenig mich von Kultur belecken lassen (Lumpi auch? Hoffe ja). Bei dem ganzen Dreh hoffe ich Mama es nicht schwer zu machen, im nächsten Urlaub (kommenden Sommer) kriegt sie wieder den größeren Anteil.

Ein kleines Ereignis, dass ich Dir <u>nicht</u> als was Besonderes berichten will, Heinz wird es ja Traute in seiner Schadenfreude mitteilen und damit auch Dir, kommt noch zum Schluss: man verlieh mir das Kriegsverdienstkreuz zweiter Klasse mit Schwertern[26]. Eglauer und Balbo hätten mir das Eiserne Kreuz verschaffen

---

[26] **Anmerkung:** Dieser Orden wurde in zwei Klassen für Verdienste verliehen, die eine Auszeichnung mit dem Eisernen Kreuz noch nicht rechtfertigten. Der hier erwähnte Heinz, der bereits Mitte August das EK II verliehen bekommen hatte, konnte nun also auf Friedrichs Auszeichnung „herabsehen".

wollen laut ihren eigenen Worten. Kommentar überflüssig. Dies habe ich allerdings <u>auch</u> verdient. Lieber Hase, magst denken wie Du willst. Ein wenig überheblich, gell? Wie ich dem neugebackenen Oberst Fischer nun begegnen werde, weiß ich auch schon.

Deiner Frau Mama, Teti, Willy, Toni herzliche Grüße. Rbs

Fritz

Kriegsverdienstkreuz 2. Klasse mit Schwertern

Lieber Hasenhase!

Schnü schreibt Schreibmaschine! Warum soll ich nicht auch mal den Hasen mit einer Taktlosigkeit ärgern? Warum soll dies bloß das Vorrecht eines Oberarztes sein?

Bin ein leuchtenddekorierter Mann mit stolzgeschwellter Brust, um den sich nicht bloß Balbo und Eglauer reißen, auch andere Herren sind dahinter gekommen, dass mit mir was anzufangen ist. Der Regimentsarzt, dem ich nun auch bekannt bin, bemühte sich bereits vergeblich bei Balbo, mich als ständigen Urlaubsvertreter für die Ärzte des Regiments zu bekommen. Hat sich aber eine blutige Abfuhr geholt. Ich müsste unbedingt zur Verfügung der ganzen Division stehen! Ei, welche Ehre! Ein zweiter Kaperversuch: der Truppenarzt der Einheit, bei der ich von April bis Mai schon Vertreter war, gedenkt von Mitte Dezember bis - na, bis er sich halt bei seiner Frau erholt hat, in Urlaub zu fahren. Da ich die Truppe mit ihrem Offizierskorps schon gut kenne, wäre ich sein geeigneter Vertreter. Ich denke, Eglauer, dem er auch schrieb so wie mir, wird mich nicht loslassen, da ich ja erstens selbst in Urlaub fahren soll, zweitens weil ich den schon lange besprochenen Haufen übernehmen soll. Außerdem will ich wirklich nicht mehr den Dummen für die anderen abgeben: bekanntermaßen fügt es das Schicksal dann meist gerade so, dass während meiner Anwesenheit bei fremden Vereinen dann Einsatz ist und ich als Außenseiter leer ausgehe. So, jetzt ist's heraus!

Übrigens ist's ja bei der Truppe wirklich schön, man ist sein eigener Herr, hat - wenn nicht gerade Einsatz ist - vielleicht sogar Zeit, in einem Buch zu lesen und sich zu bilden; und noch dazu: vor Inspektionen fast sicher!

Und jetzt schreibt Schnü Schreibmaschine! Noch mit einigen Tippfehlern, aber immerhin ziemlich rasch, Lumpi würde staunen. Ich sitze hier fast 1000 m hoch, sehe nichts als Hügel, Berge, Tannenwälder, grüne Wiesen, dazwischen Schneeflecken (hatten vor ein paar Tagen schon schönen Schnee), viele erbeutete Muhkuli, Pferde, Schafe, außerdem muselmanische Flüchtlinge samt Hab und Gut auf vorsintflutlichen Ochsenwagen. Augenblicklich Vorfrühlingsstimmung nach einer tollen Nacht mit gewaltigen Herbststürmen, der vielen Bäumen das Leben kostete. Dazu gab's heute Nacht ein tolles Gewitter - im November. Eigentlich komisch, diesmal fließen mir die Zeilen nur so aus der Feder (Maschine getraue ich mir nicht zu sagen, es klingt zu wenig prosaisch). Fast hätte ich wieder vergessen, einmal einen Absatz einzuschalten, wie sich's für brave Schüler ziemt. Nun denn!

Das Kriegsvolk liegt schon ein paar Tage draußen in Stellungen, während es die Handvoll Leute vom Stab ein wenig besser haben: ein verlassenes Haus, ausgeräumt, aber Gott sei Dank noch mit Fensterscheiben, ein Ofen wurde improvisiert, am Boden eine Liegestatt mit Stroh und Wanzen, Flöhen und auch Läusen. Nun das wäre alles eigentlich kein Grund, so fröhlich zu sein, um einen so ausgelassenen Brief loszulassen. Der Urgrund meines Witzes? Bloß Galgenhumor. Nicht, dass ich jetzt selbst das Leben lassen müsste, nachdem ich vor einigen Tagen als Amtsperson bei einer Hinrichtung zugegen war[27]. Nein, es dreht sich um einen Urlaub, auf den ich mich schon sehr freue. Tier- und Menschendoktor Paulig-Eisenbarth ist nun schon volle 32 Tage von hier

---

[27] **Anmerkung:** Bei Hinrichtungen innerhalb des Militärs war es üblich, einen Arzt zugegen zu haben, der zweifellos den Tod des/der Delinquenten feststellen konnte. Dabei wurden Spionage, Wehrkraftzersetzung, etc., mit dem Tod durch Erschießen bestraft.

weg, sollte er im Urlaub krank geworden sein? Dann wäre mein Hiersein vielleicht von längerer Dauer und - mein Urlaub infrage gestellt, den Stabsarzt Dr. Keibl, vor 2-3 Monaten zum Zirkus Förster gekommen und dazwischen schon auf Sonderurlaub zum Arztkongress in Wien gewesen, hat auch derartige Gelüste!

Dieses war der erste Streich

und der zweite folgt sogleich!

Schnü hat zwei Weihnachtswünsche! Bin nunmehr so eingebildet geworden - oder so zutraulich - Wünsche auszusprechen. Ich habe da vor ein paar Tagen ein sehr gutes Buch gesehen, das sehr eindrucksvoll und instruktiv die Pathologie und Klinik der Tuberkulose schildert. Das Buch heißt: „Tuberkulose des Menschen" von Alexander und anderen. Johann Ambrosius Barth-Verlag, Leipzig.

Der zweite Wunsch ist eigentlich eine Bitte: der liebe gute Hase schreibt dem Schnützlhundi so viele liebe nette Briefe, dass der Schnützlhund mit der Lachschnauze ernste Sorgen hat, dass die verloren gehende Nachtruhe dem Hasentierli schaden könnte, überhaupt, wo es jetzt doch dauernd ein wenig fiebert…! Also bitte, bitte den Weihnachtswunsch erfüllen und zwar schon jetzt nach Erhalt des Briefes. Vielleicht komm ich ja sowieso bald auf Urlaub und dann wird ja auch das Lumpi wieder gesund. Also mit hoch erhobenen Pfoten bittet das Hundi, nicht mehr nachts auf Kosten des Schlafs zu schreiben. Oder - nur zweimal in der Woche! Schnü kriegt dann zwar nicht mehr so viele liebe Brieflein, aber dieses Opfer kann er Dir bringen, wenn er weiß, dass es dem Lumpi nützt. Also bitte, bitte brav sein und gesund werden…! Dafür wird Hundi eifriger sein! Glaubst Du's? Es wird sich jedenfalls sehr bemühen.

…

Jetzt habe ich soeben wieder Hammelbraten gegessen. Gestern ist im „Kampf" hier ein Schaf gefallen, kommt öfters bei den Kroaten vor. Fünf Stunden später waren die Nierndert und die knusprig angebrannte Rinde bereits in meinem Magen! Abends und nachts bei Sturm und Gewitter im Freien am Spieß gebraten. Dazu etwas Sliwowitz[28] und Brot - ein Gedicht. Hältst Du mit? Und heute gab's kalten Braten, schmeckt fast wie Schweinernes.

Und nun zu Willy: von dem Knaben hört man gar nichts. Übt sich im Bergsteigen und wird wahrscheinlich gar nicht in die Berge kommen, höchstwahrscheinlich nicht in unsere Gegend. Könnte ihm schlimme Erfahrungen voraussagen. Er wird in anderen Gegenden mit seinen Leuten jedenfalls wesentlich mehr leisten können als hier; und darauf kommt es an. Wird eines Tages weg- und ein wenig später mit EK I und II daherkommen. Ein schneidiger Bursche ist er und die Sympathie des Kommandeurs ist ihm gewiss, was will er mehr? Schnü hat höchstens eins von beidem, außerdem regnet es hier nicht, sondern tröpfelt höchstens Orden, es sei denn, man heißt Heinz.

Und nun, liebes Häschen, Schluss für heute, Schnü ist von dem eifrigen Gucken auf die Tasten schon ermüdet und hat auch einen brummigen Kopf (Schädel klingt zu ordinär). Bitte heili Segen machen, dann ist's bald wieder gut.

Für Dein eifriges Bilder machen lassen, noch dazu unter Seelenqualen für Dich, vielen lieben Dank (Piep), auch an Toni!

Mit vielen herzlichen Grüßen an Deine Frau Mama, Teti, Toni, Frau Tychi, etc. und einer Menge (ein Ruck-

---

[28] Sliwowitz = Pflaumenbranntwein mit ca. 40% Volumenprozent

sack voll) Rbs an Dich, verabschiedet sich bis zum nächsten Mal

Schnü

N. S.: Wunderst Du Dich nicht, dass ich schon so gut schreibe?

Gefechtsstand, 17.11.43

Lieber HH!

Komme heute nur auf ein ganz kleines Sprünglein. Bisher noch keine Veränderung eingetreten. Warte weiterhin auf meine Ablösung. Die Urlaubsaussichten werden dadurch nicht besser. Großer und kleiner Schnü hätten sich schon sehr gefreut. Kannst nichts machen.

Ich lese gerade ein Buch, das ich in der Stadt gekauft habe. Es heißt „Spuk am Balkan". In der Bedeutung „Spuk auf dem Balkan" hat das Buch ins Schwarze getroffen. Wird bereits ein geflügeltes Wort.

Habe heute noch eine Bitte, die allerdings mich betrifft. Mein Kommandeur hat auch einen Bezugsschein auf Bergschuhe und hat mich gebeten, ihm die Anschrift eines Geschäftes in Wien bekannt zu geben, wo er sich die Dinger anmessen lassen kann[29]. Bitte sei also so lieb, mir eine Anschrift bekannt zu geben, die ich dann

---

[29] **Anmerkung**: Schuhe wurden oft angepasst, in dem der Soldat seinen Fuß auf ein Blatt Papier stellte, ihn mit einem Stift „umrundete" und diesen Ausschnitt dann in die Heimat schickte. Dort wurden die Schuhe gefertigt und dann entweder per Paket an die Front geschickt, oder aber nach Hause zur Familie des Soldaten zur Abholung geliefert. Wegen dieser risikoreichen „Vermessung" war die Empfehlung eines wirklich guten Schuhmachers so wichtig.

weitergebe. Wenn es zu viel Mühe macht, so lass es bleiben!

Wir sterben heute vor Langeweile, es ist nichts los, ebenso wie gestern. Sind schon zum Kartenspielen übergegangen, obwohl wir alle keine Spieler sind. Schnapsen! Möchtest auch Du wieder einmal mit mir spielen? Bin fast stolz, weil ich nur äußerst schwer zu schlagen bin.

Für diesmal also Schluss und dazu viele Pieps und Rbs. Vielleicht erfolgt in der nächsten Kartenperiode eine Zuteilung in natura.

Schnü

Heute schreibe ich notgedrungen mit Maschine, weil mir die Tinte ausgegangen ist. Piep.

23.12.43.

Lieber HH!

Habe nun Gott sei Dank wieder Post von Dir dabei - beim langen Warten habe ich schon Schlimmes befürchtet[30]. Ich freu mich so, lieber Hase, dass ich Dir mit der „Wunderflasche" Freude bereiten konnte. Du weißt also nunmehr, dass Dein Brieflein, dessen Erhalt ich bestätigen sollte (ich glaube, es ist Nr. 92), in meine Hände gelangte.

Leider fand ich darin auch die traurige Nachricht vom Ableben Deiner Grossmama. Lieber Hase, Du weißt schon, dass Schnü immer mit Dir fühlt; es bedarf

---

[30] **Anmerkung**: Im Oktober 1943 hatten die Luftangriffe auf Wiener Neustadt, ca. 50 km südlich von Wien, begonnen, weshalb ab diesem Zeitpunkt auch mit Bombentoten in Wien selbst zu rechnen war.

also keiner großen formvollen Worte! Nun, ich denke, die gute alte Frau hat sich und ihren Verwandten allerhand erspart. In hohem Alter sind Oberschenkelbrüche, vor allem Schenkelhalsbrüche, meist Folgen von osteoklastischen Metastasen einer bösartigen Geschwulst, an der sie sonst vielleicht noch schwer gelitten hätte. Vorausgesetzt ist meiner Kombination, dass der Bruch ohne besonderen äußeren Anlass erfolgte (Unfall wie heftiger Sturz, etc.).

Über Heinzens Kurs darfst Du Dir keine Besorgnisse machen, ich führe trotzdem den Verein. Es sollten Leute fahren, die schon mal vorgebildet wurden. Ich getraue mich, die Sache auch so zu machen, bin auch dafür offiziell nominiert und musste gestern über den Stoff einen größeren Vortrag halten. Egelauer sagt, er wolle mich auf keinen Fall mehr für Vertretungen hergeben. Augenblicklich führe ich die Interne, bin Truppenarzt, habe nun die Angelegenheit, die Heinz bisher für mich vertretungsweise führte, persönlich übernommen (hoffe im Übrigen auch mal darüber einen Kurs zu machen) und bin beratender Verbindungsoffizier zum Brigadearzt einer einheimischen Brigade. Du siehst also, ich habe nicht weniger zu tun als einst Heinz und ich lebe ganz bequem, komme auch ab und zu ins Kino. Den ganzen Lazarettbetrieb führen Katarinic (Chirurgie) und ich. Der Chef (Egelauer) ist nicht mehr ärztlich tätig, Förster zur Sanitätsersatzabteilung Wien versetzt, im Urlaub Keibl, Heinz und Rotter. Balbo fährt am 27.12. auf Urlaub. Ich persönlich hoffe noch fest auf die zweite Jännerhälfte als Abfahrtstermin. Morgen haben wir abends eine große Weihnachtsfeier. Hoffe, dass es nett wird.

Und nun, lieber Hase, lasse es Dir zu Silvester-Neujahr recht gut gehen, so gut es eben jetzt im fünften Kriegsjahr möglich ist; denk ein wenig an Schnü (wir machen natürlich eine große Feier, bei der Schnü vielleicht als Klavierklimperer im Rahmen einer kleinen Kapelle auftritt) und Silvester 1939. Was sagst Du, ich bin bereits <u>vierzig</u> Monate Soldat!

Und nun, lieber Hase, Dir und der Hasenmutter alles Liebe für 1944! Prosit Neujahr! Öhrli hoch! Viele Rbs

Schnü

3.1.44.

Lieber HH!

Ich treffe in aller Eile abermals Abreisevorbereitungen, aber nicht für einen Urlaub, sondern abermals für eine Vertretung. Ich werde nun Otto Riegls direkter Vorgesetzter. Der Truppenarzt (Stabsarzt Dörr) hat sich gelblich verfärbt und will sich nun ins Lazarett legen.

Urlaubsaussichten schlecht, es gibt Einsatz und zu wenig Ärzte. Aber eine erfreuliche Nachricht: bis zum Oberarzt eingegeben. Danke für eine ganzen Pack Briefe, den ich auf einmal gestern bekam, darunter alle Nummern bis zum November zurück, und dabei auch das liebe Weihnachtspackerl. Piep.

Sei nicht bös, dass ich schließe, hab's eilig mit Packen.

Handkuss an Frau Mama, Teti und Dich, und ein langes Rb. An Willy, Toni herzliche Grüße, an alle recht herzliche Neujahrswünsche! Rbs

Schnü

N.S.: Bitte mir weiterhin an 46276 zu schreiben.

Lieber HH!

Schnü ist in den Bergen, liegt in einem guten Betti und schreibt im Scheine einer Kerze dies Brieflein an den Hasen, ein Brieflein, das sicher schon lange erwartet wird. Im Übrigen bin ich ins Kloster gegangen, zu den Franziskanern. Einen Kilometer vom Igel meiner Truppe, einen halben Kilometer vom Ort in einem einsamen Waldtal, hab ich im Auftrag des Kommandeurs in einem Kloster Quartier bezogen, um so die Herren Padres zu ehren, denen auch die Partisanen propagandahalber nichts taten. Ich wohne schon die zweite Nacht hier, vorher stets wohl bewirtet.

Nun noch ein wenig über meine Stube, Margaretelein klein: Kein Luxus ringsumher, aber immerhin eine gewisse ans mittelalterliche erinnernde Behaglichkeit. Rundum alte Möbel, ein festes Bett, ein Kasten, Tisch mit Stühlen, Waschgelegenheit, ein Stehschreibpult (fehlt nur noch der Federkiel). Ein alter Kachelofen mit Holzfeuerung strahlt Gemütlichkeit aus. Sonst außer einem Kruzifix, schön geschnitzt, nichts von Bedeutung. Eine dicke Kerze spendet Licht, nicht etwa, weil es hier kein elektrisches Licht gäbe; oh ja; ist bloß die Birne kaputt. Von mir wurde sogar diese Stube bevorzugt gegenüber einer anderen mit funktionierender elektrischer Beleuchtung, denn ich hab ja schon immer etwas übrig gehabt für Romantik. Oder bist Du anderer Meinung?

Nun zu einem anderen Kapitel. Otto Riegl hab ich natürlich hier getroffen, er ist hier Sanitäter bei diesem Verein. Er hat sich kaum verändert. Und was sagst Du dazu: nachdem ihm ja ein Weiterstudieren von Wien aus nicht gestattet wurde, hat er nun wieder auf das Postpferd gesetzt. Die Post hat ihm einen zweimonatigen

Urlaub nach Wien erwirkt, damit er dort einen Kurs absolvieren kann, dessen erfolgreiches Bestehen ihm den Aufstieg in die gehobene Beamtenlaufbahn ermöglicht. Heute ist er vom Tross aus, ohne mich zum Abschied zu sehen, nach Wien abgedampft.

Mein Bleiben bei dieser Truppe wird nicht mehr von langer Dauer sein. Der stinkfaule Truppenarzt ist völlig wiederhergestellt, hat's allerdings erreicht, dass ich ihn noch im Gebirgseinsatz vertrete; und der geht für uns wahrscheinlich bald zu Ende. Alle meine Funktionen bei Zirkus Förster muss ich nach Rückkehr doch einer endgültigen Klärung unterziehen lassen. Denn ich kann nicht die Verantwortung für etwas tragen, dass x Kilometer von mir ablief. Mit einem Wort, das Vertreten hängt mir zum Halse heraus. Oder ich bleib gleich auf Dauer hier.

Die brennendste Frage: Urlaub? Kann von hier aus dem bangenden Hasen nicht beantwortet werden. Hoffen wir das Beste.

Und nun noch alles Liebe und herzliche Grüße an Daheim rundherum! An Dich lieben Hasenhasen viele Pieps mit noch mehr Rbs.

Schnü

N.S.: Anbei zwei Zulassungsmarken. Bitte besorge (noch nicht schicken!) ein Merkbuch für Tagebuch ~~und einen kleinen Notizkalender~~. (Eben bekommen!)

Lieber HH!

Dreimal Piep dem armen Tierli! Bin soeben wieder beim Zirkus Egelauer angelangt und da sind auch schon ein paar Brieflein vom Lumpi und einer, der bekümmerte vom 10.1.44 mit der Nummer 123, wird gerade von der Feldpost gebracht.

Schnü ist also wieder beim alten Verein, der Stabsarzt ist schon völlig gesund; seine Truppe ist ja auch nicht mehr im Gebirge. Traurig nur, dass ich dem Hasen so viel Enttäuschung bereiten musste. Zukunftsaussichten noch nicht geklärt, stehe momentan auf der Urlaubsliste für Februar eingetragen. Hier ist bloß Stabsarzt Keibl, Rotter musste auch schon vertreten gehen, soll aber morgen schon wieder zurückkommen. Den Brief, den Du Rotter gabst, habe ich schon durch einen Boten erhalten, der vor ein paar Tagen meinen Brief Nr. 3 aufgab. Heinz muss ja nun auch bald kommen. Egelauer und Katarinic sind im Einsatz.

Unter Deinen letzten Briefen war auch einer vom 14. oder 15.12. Sei nicht bös, lieber Hase, dass dieser Brief ein wenig konfuses Zeug bringt, ich eile mich bloß, damit das Brieflein gleich mitgeht.

Zum Schluss wird reichlich Trost und verständnisvolle Verzeihung gewährt, dem armen blödsinnigen Hasentier. Viele Piep. Rbs

Schnü

Lieber HH!

Habe gestern gegen Mitternacht Dein trauriges Brieferl
125 (durch Heinz) erhalten. Nun lieber Hase, die Sache
wird augenblicklich immer verworrener statt klarer.
Dass hier ein hinterhältiges Spiel getrieben wird, wird
nun immer klarer. Hauptrolle besetzt von Heinz (besonders hinsichtlich der strittigen Stelle), Nebenrolle
Egelauer, der in seinem Strebertum und seinem über-
triebenen Ehrgeiz nach oben hin immer schön tut und
mich dann schließlich anderen Interessen opfert, auch
wenn er es dadurch hinsichtlich der Stellenbesetzung
schwierig hat.

So hat er (Egelauer) mir gestern folgendes erklärt:
Urlaub sei frühestens nach acht Monaten möglich - dabei hatte er mich auf der neuesten Urlauberliste für Februar vorgemerkt.

Apropos strittige Stelle: Egelauer wolle unbedingt,
dass ich diese Stellung einnehme, ich sei mehr Internist
und habe gute organisatorische Fähigkeiten, während
Heinz mehr zur Chirurgie neigt. Er werde nach Balbos
Rückkehr aus dem Urlaub eine endgültige Entscheidung
herbeiführen und zwar zu meinen Gunsten. Außerdem
würde ich jetzt ständig hierbleiben. Heinz hätte für die
Stelle zwar den Vorzug einer längeren Dienstzeit. Es
müsste dann sein, dass sich aus diesem Grund das Korps
für Heinz entscheidet (Egelauer sichert sich also einen
Rückzug).

Zu Heinzens Äußerung über mich: offiziell bin bisher ich als Führer nominiert; während meiner fast dauernden Abwesenheit vertrat mich Heinz und machte
sozusagen auch diesen Kurs als mein Vertreter, zu dem
er allerdings von Balbo nominiert wurde, der vergessli-
che alte Mann hatte nun wieder nur Heinz als Fachmann

in Erinnerung. Noch knapp vor Heinzens Abfahrt zum Kurs (als ich eben von einer langen Vertretung ankam) wurde in Heinzens Gegenwart im Kasino davon gesprochen, dass doch eigentlich ich fahren solle, er selbst war öffentlich dieser Meinung; dabei hatte nach oben hin schon Heinz als Teilnehmer am Kurs gemeldet. Eine Besichtigung durch den General hat wohl einmal stattgefunden; Ich konnte damals allerdings aus dem Grunde kaum zaghaft zurückgeschreckt haben, weil ich damals Vertreter eines bombengeschädigten Truppenarztes war, also gar nicht anwesend war. Übrigens habe ich mich in dieser Eigenschaft ohne Scheu des Öfteren zwanglos mit dem General unterhalten.

Und nun platzt die Bombe: Egelauer, der mir gestern unaufgefordert versicherte, mich nicht mehr herzugeben, sagte heute, ich müsse in 3-4 Tagen auf 2-3 Wochen einen Truppenarzt vertreten, der einen offiziellen Fortbildungskurs machen müsse; auch Rotter macht den Kurs. Nachher komme ich dran. Was sagst Du nun? Andererseits erfuhr ich heute, dass ich bei Eingabe zur Beförderung eine ganz ausgezeichnete Beurteilung bekommen habe.

Morgen Fortsetzung! Viele Pieps mit Rbs

Schnü

24.1.44.

Lieber HH!

Vorerst viele Rbs. Hasenhase wieder gut und zufrieden? Nun ein klein wenig über mein Schicksal. Bin also wieder einmal bei einer anderen Truppe, aber nicht in einer Stadt, wie ich im letzten Schreiben - ich glaube mich recht zu erinnern - erwähnte, sondern ein Stück am Lande draußen. Ein etwas über 1900 m hoher schneebedeckter felsiger Berg guckt auf uns herab. Es wäre hier herrlich zu leben, wenn die Partisanen die netten, direkt mitteleuropäischen Häuser nicht so kaputt gemacht hätten. Die Einrichtungen größtenteils verheizt, in den Zimmern waren - allerdings auch von den erobernden SS-Truppen - Pferde eingestellt worden. Die Herren aus Titos[31] Gefolge haben hier drei Monate bis vor zehn Tagen gehaust. Mein Vorgänger hat sich hier ein ganz nettes Zimmer eingerichtet, in das ich nun einzog. Voraussichtlich wird meine Truppe hier nun einige Zeit liegen bleiben, ich will hoffen, solange bis ich wieder in Egelauers Zirkus zurückkehre. Dies wird voraussichtlich um den 8.-10. Februar der Fall sein. Dann werde ich gleich wieder wegen Urlaub bohren. Mit Heinz besteht jetzt ein ziemlich gespanntes Verhältnis, ich geb ihm jetzt immer gleich öffentlich eines aufs Dach. Vor meiner Abfahrt sagte er verschämt-hinterfotzig, wenn ich nicht weg wolle, könne ja auch er es einmal tun.

Nun Schluss für heute! Viele Rbs mit Piep

Schnü

N.S.: Was schreibt Willy?

---

[31] **Anmerkung**: Gemeint ist die Volksbefreiungsarmee, zum militärischen Teil der Kommunistischen Partei Jugoslawiens (KPJ) gehörend, und von Josip Broz Tito geführt. Ihre Angehörigen wurden daher als Tito-Partisanen oder Jugoslawische Partisanen bezeichnet.

Lieber HH!

Morgen ist schon wieder eine Woche vergangen, seit ich zu dieser Truppe fuhr, bei der ich nun noch bis ca. 8.-10.2. bleiben soll. Ich habe mich unter den Offizieren des Stabes recht gut eingelebt, die Kompaniechefs sind allerdings sehr gespreizte Leute – nun, auch ich kann's auf diese Tour. Sonst geht es mir gut.

Bin nun in einem anderen Gebäude untergekommen, in einer schönen Villa, die dem Direktor eines ausgebrannten Sägewerkes gehörte (2000-3000 Arbeiter). Die meisten schönen Häuser des Ortes sind vernichtet oder zumindest verlassen. Wir haben uns wieder Möbel, etc. zusammengetragen. Ein kleines Elektrizitätswerk des Ortes ist wieder in Gang gesetzt. Vor mir spielt ein schöner Radioapparat. Vor den Fenstern feuert ab und zu ein Jagdgeschütz, dann wieder ein anderes Schießgerät; sie unterstützen unsere Jagdkommandos, die durch Funk das Feuer schwerer Waffen auf erkannte Ziele anfordern. Wenige Kilometer von uns liegen vermutlich ein bis zwei Proletarier-Brigaden. Die Brüder haben in letzter Zeit ziemlich aufs Dach bekommen und wagen wahrscheinlich selbst auf einige Zeit keine größeren Unternehmen mehr. Auch ein italienisches Bataillon[32] ist bei der Sippschaft.

Für heute genug! Bitte wegen meiner Angelegenheit sich nicht mehr zu sorgen. Mir ist in dieser Hinsicht schon alles Wurst! Urlaub hoffe ich Ende Februar oder im März zu kriegen. Herzliche Grüße an alle. Viele Rbs

Schnü

---

[32] **Anmerkung**: Einige Wochen zuvor, am 8. September 1943, hatte Italien (nach Absetzung des Duce) Deutschland den Krieg erklärt, so waren einst Verbündete überraschend zu Feinden geworden.

Lieber HH!

Bin nun also in Egelauers beiliegendem Verein, besser gesagt „scheinheiligem". Hier ist Kampf aller gegen alle ein täglicher Programmpunkt; dass dabei Leute mit ähnlichen Absichten, bzw. gleich schlechten oder guten Erfahrungen sich zu Grüppchen (allerdings wechselnder Zusammensetzung) zusammentun, scheint ja selbstverständlich. Nun wird der Kampf nicht offen geführt: man ist höflich, aber hinterfotzig.

Augenblicklicher Stand meiner Dinge: die erstrebte Stelle scheint verloren. Ich weine ihr nicht nach. Vorbei! Schluss damit für immer! Eine Aussprache mit Egelauer über diesen Punkt und meine künftige Stellung möchte ich aus „diplomatischen" Gründen jetzt nicht herbeiführen. Denn es steht eine größere Verlegung bevor, dorthin, wo allerhand in der Luft herumschwirrt: Englisch-amerikanische Jäger, die es sich zum Spaß machen, im Einzelflug alle möglichen motorisierten Fahrzeuge auf der Landstraße in Brand zu schießen; Bomber gleicher Nationalität, welche schön nach und nach alle Ansiedlungen kaputt schlagen; Millionen und Abermillionen Mücken und Fliegen, die in wenigen Monaten aus Europas bekanntesten Malariasümpfen schwärmen werden und den armen Schnü sicher maßlos quälen werden. Dorthin latscht alles zu Fuß bis auf Schnü mit seinem Vorkommando. Termin steht noch nicht fest. Werde dort also Quartier machen.

Bis all dies durchgeführt, dort alles eingerichtet ist, darf ich nicht auf Urlaub fahren. Es wird wohl Mitte März werden, bis ich bei Dir in der Berggasse anklopfe. Dann wirst Du vielleicht auch gehört haben, dass alles, was mit Rittmeister Burian ein halbes Jahr hinter uns ins gelobte Land rollte, jetzt wieder ins geliebte Waldviertel fährt. Vielleicht kommen als nächste wir dran; wäre fein, nicht wahr?

Bevor ich es bei Egelauer und Balbo mit meiner Bitte um eine andere Verwendung auf einen Bruch ankommen lasse, möchte ich mich teils in Wien, teils bei Willy betreffs Versetzungsmöglichkeiten erkundigen. Werde ja dann sehen, womit ich notfalls rechnen kann.

Für Deine feine (piekfeine!) Bäckerei mit Deinem neckischen Konterfei viele Piep mit Rbs. Danke für Film.

Nun für heute Schluss. Noch eine Bitte: Feldpostnummer von Willy - ich will mich bei ihm erkundigen, ob bei günstigen Umständen (eventuell Hilfe von Wien) eine Versetzung zu seiner Division mir Nutzen bringen könnte (angenehmer Divisionsarzt, angenehmes Offizierskorps). Ist A. Böse noch bei der Division? Bitte frage vielleicht <u>Du</u> gleich bei ihm (Willy) an, um den Weg abzukürzen. Er soll aber noch <u>nichts</u> veranlassen. Vor meiner Abfahrt als Vorkommando kommt noch ein Brieflein, dann bin ich längere Zeit (ca. eine Woche) vom Verein abgeschnitten. Wenn dann alles umgesiedelt hat, <u>fahre ich auf Urlaub</u>. Bitte also nicht mehr täglich zu schreiben, sondern nur wichtigstes (alle <u>4-5</u> Tage). Erhole Dich gut bis ich komme und schlaf Dich aus. Rb

Schnü

Lieber HH!

Ich fürchte, Du stellst Dich schon wie eine Giftschlange auf und versuchst - bitte aber <u>nicht</u> den armen Schnü anzuzischen! Ich sitze nun schon geschlagene vier Wochen in dem gottverlassenen Nest mit wenigen Männchen als Vorkommando, habe unter anderem auch einige Fleckfieberkranke in einem kleinen Lazarett (ehemals Schule) zu versorgen. Einer ist mir an Herzschwäche leider gestorben, die anderen Fleckfieberleute fiebern eben ab. Ich konnte sie ebenso wenig abtransportieren, wie meine Post loswerden. Schnee, Schnee und Sturm. Wir liegen 900 m hoch; die Pass-Straße hinunter in die nächste große Stadt, in der sich Egelauer mit seinem Verein aufhält (seit einigen Tagen), ist bis zu 6 m Höhe verweht. Bei Egelauer kein Schnee, sondern beträchtliche Wärme. Jetzt ist die Straße hoffentlich endgültig freigeschaufelt. Seit drei Tagen gibt's hier Sonnenschein bei Schnee - staune: Schnü schon braun.

Ablöse? Wie es geheißen hat, sollte Heinz herkommen. Der ist natürlich, nachdem er Egelauers Verein in diese Gegend auf der Straße ruhmreich hergeschleift hat, auf einen Kurs gefahren. Ein paar Männchen will man mir hier her zur Verstärkung des Pflegepersonals schicken, schon seit einigen Tagen. Aber der Wettergott und die überorganisierte Verkehrsregelung unserer Division hat ihnen dies nicht gelingen lassen. Heute noch soll das Unglaubliche geschehen.

Um nicht eventuell Gefahr zu laufen, den im Schnee steckenbleibenden Wagen mit eigenen Händen schieben zu müssen und dann gar im Schneesturm halb oder ganz zu erfrieren, haben die hohen Herren Balbo und Egelauer (abgeschreckt durch böse Erfahrungen anderer Kaiser des Divisionsstabes, die an so enorme Schneemassen und die damit verbundenen Nachschubschwierigkeiten nicht glauben wollten) ganze vier Wochen einen kleinen Assistenzarzt einen Hauptverbandsplatz führen lassen, ohne ihm personell und materiell Hilfe bringen zu können und ohne ihn zu besuchen! Morgen wollen die Herren - laut telefonischer Rücksprache - hierher vorstoßen. Urlaub? Ich mach Dir und mir keine Hoffnungen mehr. Piep. Lassen wir uns überraschen. Tabak? Kommt selbstverständlich mit.

Für diesmal Schluss mit vielen Piep und Rbs. Hoffe, dass Egelauer den Brief nicht zu lang in der Tasche trägt. Rb

Schnü

29.3.44.

Lieber HH!

Heute kam seit längerer Zeit ein einziger Brief von Mama, eine Zeitung und eine Enttäuschung: kein Brief von Dir! Seit gut 10-14 Tagen überhaupt nichts. Was ist los? Ist Hasenhase krank? Es kann doch kein Bombenschaden vorliegen, da doch nur im Raume Wien Schaden angerichtet wurde und nicht in der Stadt selbst. Bleibt da noch die Möglichkeit, dass Du Deine Einstellung mir gegenüber geändert hast, verärgert oder beleidigt bist.

Ich habe wohl in den viereinhalb Wochen, die ich hier in dem verfluchten Nest hocke, sehr selten geschrieben, da ich ja fast stets eingeschneit war. Dafür habe ich aber den Schreibstuben-Unteroffizier telefonisch ersucht, Dir wie meiner Mama in meinem Namen eine Karte zu schreiben, dass Ihr nicht umsonst bangt.

Oder Du hast aufgrund meiner letzten Urlaubsankündigung das Schreiben eingestellt! Hat vielleicht Heinz Mist gemacht? Ich weiß es nicht.

Heute war zum ersten Mal, seit ich hier bin, Balbo mit Egerlau hier. Es war das erste Mal, dass man glatt auf der frisch ausgeschaufelten Straße fahren konnte. Du kannst Dir also die Verkehrsschwierigkeiten vorstellen, dass man mich erst nach fast fünf Wochen Bestand des Hauptverbandsplatzes kontrolliert!

Bitte vielmals um Aufklärung! Handkuss an Dich und Frau Mama, Rb

Schnü

1.5.44.

Lieber HH!

Bin am Ort angelangt, wo ich auf der Abteilung für Geschlechtskrankheiten des Kriegslazaretts einen Monat arbeiten soll, um dann bei uns als kleiner Sachverständiger für unkomplizierte Fälle zu gelten[33]. Bin im Hotel Europa in einem schönen wanzenfreien Zimmer eingezogen. Harre nun der Dinge, die da kommen. Der Urlaub ist vom Balbo für <u>Juni</u> bewilligt, wie oft wird dies noch rückgängig gemacht werden? Piep, trau mir gar nichts mehr diesbezüglich zu schreiben. Du wirst schon bald explodieren und vielleicht auch von mir bös denken. Großer und kleiner Schnü sind aber wirklich unschuldig. Für das Verzeihen des neuerlichen Urlaubsaufschubs gibt's dann eine Menge Rb. Übrigens habe ich mir einen Bart wachsen lassen, aus Verzweiflung wegen der Einsamkeit im Tschetnikstädtchen. Vielleicht

---

[33] **Anmerkung:** Um Geschlechtskrankheiten wie zum Beispiel Syphilis Herr zu werden, waren sogenannte „Wehrmachtsbordelle" eingerichtet und streng reglementiert worden, was aber den ungeschützten Verkehr (oft auch Vergewaltigungen) mit Einheimischen kaum verhinderte. Dadurch waren Geschlechtskrankheiten auch weiterhin ein ständiges Problem.

lass ich die Bürste stehen, um sie Dir zu zeigen. Wollte Dich ja eigentlich überraschen, aber nun ist's schon heraus.

Mit Heinz habe ich mich gerade noch vor meiner Abfahrt heftig gestritten. Ich lass mir es einfach nicht mehr bieten, dass er dauernd witzelt, etc.!

Heute bin ich wieder einmal durch die altbekannte Stadt gewandert und habe noch alles so vorgefunden, wie ich's vor zwei Monaten verließ.

Für diesmal viele Piep mit Rb

Schnü

N.S.: Kannst mir schreiben an Feldpostnummer 46786[34].

7.5.44.

Lieber HH!

Ein äußerst netter Herr von der Luftwaffe, ein Major aus Wien, ist so liebenswürdig, dies Brieflein an seinem Urlaubsort der Post zu übergeben.

Nun passt doch bitte mal gut auf! Urlaub soll's Anfang Juni geben, also in drei Wochen. Ich plane, einige Tage in Wien-Mödling zu verbringen, dazwischen auch ein Theater oder Kino zu besuchen. Im Wesentlichen hängt dies natürlich außer von Dir auch von Deiner Mama ab: Hütteldorfaufenthalt von Mama wegen Fliegergefahr, etc., Unterkunft in Mödling, Wetter? Vor allem wünsche ich mir Ruhe, eventuell bei Euch in der Berggasse, wenn's Euch nicht zu viel Schwierigkeiten

---

[34] 46786 = (Vermutlich) 4. Leichtkranken-Kriegslazarett, Abteilung 637

macht. 2-3 größere Ausflüge. Leider komme ich diesmal mit leeren Händen und bitte Dich daher, mir zu schreiben, was ich hier allenfalls kaufen könnte, dass man daheim nicht kriegt (Spezialmedikamente für Mama, etc.). Zu diesem Zweck bitte ich Dich, mir direkt an Feldpostnummer 46786 zu schreiben.

Bin heute leicht verwirrt, daher das jämmerliche Gestammel. Es geht mir persönlich gut und lerne hier viel. Mit Handkuss an Dich und Mama, Rb

Schnü

N.S.: Wenn's leicht geht, schick mir bitte hierher zwei Goldschlangen für Schulterstücke. Brauche sie nicht dringend.

13.5.44.

Liebster HH!

Habe heute wieder Post von Dir bekommen, ein kleines Bündel von Briefen. Viele Piep und Rbs dafür, auch das Felli soll dem armen Hasentier ein wenig gekrault werden, damit die Öhrli nicht allzu tief hängen. Schau, liebe Bettelkatze, davon kann doch wohl gar keine Rede sein, dass ich Dir aus irgendeinem bösen Grund nicht gleich schreiben wollte, wenn in meinen Urlaubstagen und anderen Angelegenheiten eine Änderung eintritt. Nur liegt es mir nicht, Dir allen Tratsch zu hinterbringen, bevor etwas halbwegs feststeht. Wo ich doch weiß, dass das Hasentier so viel mit dem kleinen Hasenherzen zu leiden hat. Piep.

Wenn Heinz meint, dass „das" nur mir passieren könne, so kannst Du versichert sein, dass mir dies auch nicht mehr zustoßen wird. Erstens weil ich besonders seit März meine Stellung ganz enorm gefestigt habe, zweitens weil ich widrigenfalls entschlossen bin, unter allen Umständen die Division zu verlassen. Dies hängt natürlich auch von den sich mir bei einer anderen Division bietenden Gelegenheiten ab, sowie von der neuen Rollenverteilung nach meiner Wiederkehr zur Einheit Egelauer (Ende Juli '44). Angeblich soll Stabsarzt Keibl wegkommen, eventuell auch Rotter; als Ersatz kommt ein kroatischer Oberarzt oder ein neu anzufordernder Arzt infrage.

Wenn ich dann in eine K- oder Z/K-Stelle aufrücken kann, will ich vielleicht bleiben. Denn ich werde doch nicht im Hinblick auf meine eventuelle nächste Beförderung auf einer Z-Stelle bleiben, wenn ich als Oberarzt eine B-Stelle bekleiden kann (Regimentsarzt).

(Z-Stelle = Zugführer, was ich derzeit als Hilfsarzt bin. K-Stelle = Kompaniechef, zum Beispiel Bataillonsarzt. B-Stelle = Bataillonskommandeur = Regimentsarzt)

Egelauer hat B-Stelle, Heinz, Rotter und ich eine Z-Stelle, Keibl eine K-Stelle. Katarinic eine Z/K-Stelle. Aussichten für mein weiteres Fortkommen auch bei wegkommen von Keibl schlecht, da ja wahrscheinlich dann Heinz an seine Stelle rücken wird. Andererseits verlasse ich natürlich auch ungerne den Haufen, mit dem ich nun durch zwanzig Monate beisammen war.

Im Rahmen der Division sind keine Regimentsarztstellen frei, dazu sind Bataillonsärzte mit älteren Rangdienstaltern als ich da; also auch hier nicht zu machen.

Ich möchte Dich also nochmals bitten, mit Willy auch in dieser Hinsicht zu sprechen. Unsere Division ist eben schon zu alt; ich bleibe hier immer einer der jüngsten. Bezüglich Fortkommen ist natürlich eine junge Division, eventuell eine Neuaufstellung das Beste; würde auch weiterhin bei den Kroaten bleiben, wenn's sein muss. Übrigens wird dieser feine Staat, der seine Auszeichnungen nach Dienstgraden staffelt, jetzt den Offizieren, die noch keine kroatische Auszeichnung haben, solche für Unteroffiziere und Mannschaften bestimmte anhängen, nachdem die „Großen" womöglich noch höhere erhalten haben, als ihnen nach ihrem Dienst gerade zustehen.

Für heute muss ich also Schluss machen mit dem Gejammer, sonst geht das Brieflein nicht mehr mit. Frag also bitte Willy, ob er auch so denkt wie ich.

Dem Hasenhasen Lumpi sowie dem Kameraden Lumpi viele Pieps und noch mehr Rbs von

Schnü

N.S.: Urlaub Anfang Juli '44! Nicht knurren, es bleibt bei '44. Werde mich während meines Urlaubes um eine Neuaufstellung erkundigen. Willy soll noch nichts Definitives unternehmen, wenn er auch könnte.

23.5.44.

Lieber HH!

Bekam heute ein Brieflein vom 16.5., wofür Schnü vielmals dankbar knurrt (ich denke, das ist vielleicht oder wahrscheinlich der hörbare Ausdruck seines zufriedenen Hundeherzens).

Mir geht es gleichbleibend gut; will hoffen, dass es so bis Ende meines Kurses bleibt. Heute kam eine Verordnung, nach der die Sanitätsoffiziere künftig „Sonderoffiziere der Versorgungstruppen" sind; eine Degradierung zu einem Dienstgrad, zu dem man die Zahlmeister hinaufgeschraubt hat. Mir soll's egal sein, denn ich bleibe weiter Oberarzt und das ist mir genug. Eine äußerlich sichtbare Anerkennung von Seiten der Waffenoffiziere habe ich ja ohnehin nirgends gefunden, die einen von einem Zahlmeister unterscheiden würde. Etwas bedrückender ist es allerdings für die anderen Sanitätsoffiziere, besonders für die Generalsärzte, die ihr Generalsrot ablegen müssen und nur mehr gewöhnliche Offiziersspiegel tragen werden. Ich gönne ihnen diese Niederlage aus vollem Herzen. Warum, später!

Von mir gibt's eigentlich nichts von Bedeutung zu berichten, außer, dass ich mich schon sehr auf den Urlaub freue, auf ein paar sehr schöne Tage für die großen und kleinen Lumpen- und Hundetiere; unbekümmert um Regen und Wind werden sie froh und munter sich tummeln und noch ausgelassener bei hellem Sonnenschein. Ja? Piep.

Jetzt besteht tatsächlich noch Hoffnung, dass ich Willy treffen kann und mit ihm ein wenig plaudern; es gibt ja eine Fülle von Dingen, die nur ein „Fachmann" mit einem anderen richtig auswerten und beurteilen kann. Also hoffentlich klappt's.

Wahrscheinlich werde ich von hier gleich auf Urlaub fahren, ohne den Umweg über meine Einheit zu nehmen. Bin bereits auf der Suche nach einer Platzkarte. Hoffe, dass auch Egelauer mit einer raschen Abfahrt einverstanden ist. Ich würde dann schätzungsweise am 3. oder 4. Juni in Erscheinung treten!

Für heute nochmals tausend Pieps mit ebenso viel Rbs

Schnü

N.S.: Bitte keine Post mehr an 46786 schicken, sondern wieder an 46276.

Im Anschluss an diesen Brief wurde Fritz zu einem Fortbildungslehrgang nach Celle geschickt, mit anschließendem Kurzurlaub in Wien. Da die Kommunikation in diesem Zeitraum aber hauptsächlich per Telefon stattfand, lässt sich mithilfe der nächsten beiden Briefe nur noch ungefähr rekonstruieren, wie Fritz seine Zeit genau nutzte. Offensichtlich verbrachte er den Großteil des Urlaubs in Celle bei besagtem Lehrgang, konnte dann für einige Tage nach Wien zu seinem „HH" fahren, um danach von dort aus, anders als geplant, nach Berlin weiter zu reisen. Was genau er dort tat ist nicht bekannt, wohl aber, dass er von dort direkt wieder zu seiner alten Einheit zurückkam.

Lieber HH!

Habe heute im Wehrmachtsbericht von einem neuen Angriff auf Außenbezirke der Stadt Wien gehört und hoffe, dass man die Berggasse wohl nicht mehr zu einem Außenbezirk Wiens zählt. Also hoffentlich ist wieder alles gut vorübergegangen. Hast Dich sicherlich wieder - schon im Hinblick auf Deine Mutti - aufgeregt.

Hier läuft die Schule von früh bis abends. Starker Anklang an selige Mittelschulzeit. Die Zeit verfliegt geradezu rasend, bald werde ich - am 30.6. - nach Berlin weiterfahren. Und dann gibt's um den 8. ein Wiedersehen mit Lumpi! Piep! Ich freue mich schon!

Hab mit den Kameraden nur mäßigen „erzwungenen" Kontakt im Kasino. Mehrere aktive Herren, keine Landsleute. Oder bin ich ein so verschrobener Mensch?

Ich hoffe, dass Du bis zu meinem Besuch in der Berggasse nicht wieder wegen der verfluchten Flieger erzittern brauchst. Hier war bisher bloß ein Tages-, sowie ein Nachtalarm. Toi, toi, toi!

Handibussi an Frau Mama! An Dich auch viele andere!

Schnü

N.S.: Bitte besorge mir ein Briefpapier! In Wien lassen!

Berlin, 12.7.44.

Liebes Lumpi!

Bin nach einer ungestörten Fahrt am 11. früh in V. eingelangt, brachte dann bis Berlin einige Verspätung zu-

sammen, da die Strecke gesprengt war. In Berlin angekommen stand auch schon das liebe alte
Schmalspurzüglein bereit, das mich schon öfters tiefer
ins Land der unbegrenzten Möglichkeiten beförderte. So
bin ich bereits heute um 1 Uhr früh - also nach anderthalb Tagen Fahrt - in S. gelandet, wozu ich bei Benutzung des Abendzuges ab Wien zweieinhalb Tage gebraucht hätte.

Auf der Fahrt traf ich den Primararzt der Wiener
„Kuranstalt" (gegenüber der Studentenkompanie), der
jetzt hier als Polizeiarzt tätig ist, wie ich Dir schon öfters erzählte. Ich fuhr mit ihm im bestellten Auto in sein
Polizeilazarett, wohin er mich einlud zu schlafen. Dies
tat mir recht gut, da ich ja in der ersten Nacht gerade
wegen der schönen Polstereinrichtung, bzw. ihrer zahlreichen Bewohner (Wanzen in Massen!) nicht geschlafen hatte.

Übrigens ist es hierzulande auch nicht mehr so gemütlich wie ehedem bei meiner Abfahrt. Die Tieflieger
haben ihre Tätigkeit hierher ausgedehnt. Übrigens ist
der große Umsteige- und Verladebahnhof in Berlin total
durch mehrere Fliegerangriffe der vergangenen Woche
vernichtet, ebenso die ganze Stadt Berlin. Geradezu ein
tolles Kunterbunt von Trichtern, Steinhaufen, Schienen,
Wagen, Lokomotiven, etc.! Zur Aufrechterhaltung des
Durchgangsverkehr sind wieder einige Schienen gelegt.
Mein augenblicklicher Aufenthaltsort ist noch unver-
sehrt. Morgen früh dampfe ich von hier wieder ab; hoffentlich regnet es so wie heute, da kommen keine Tiefflieger! Im Großen und Ganzen ist's also hier etwas
ungemütlich geworden.

Ich wünsche, dass es dem Lumpenhasen recht gut
geht, und sage ihm für den schönen Urlaub viele Pieps.

Schnü

Liebes Lumpentier!

5 Uhr früh. Schnü sitzt im Führerhaus eines Sankars[35] und wartet nun auf den Geleitzug, der von der Stadt bis zu unserem Verein führt. Das letzte Stück Eisenbahnfahrt hätte ich also gestern ohne Zwischenfälle zurückgelegt. Das Wetter hat sich gestern so gebessert, dass es gegen Abend hier wieder saumäßig heiß war. Und heute verspricht es, sehr schön zu werden, daher ist die Fahrt ins Höhenklima auch aus diesem Grunde schon am frühen Morgen angezeigt. Ich freue mich schon auf die herrliche Gebirgsstraße. 5.15 Uhr: Wie oft wird sich Häschen heute noch im Betti räkeln?

- Fortsetzung bei meinem Verein -

Gut ist's gangen, nichts ist gschehn. In herrlich sonnigem Morgen sind wir, ohne von Fliegern entdeckt zu werden, hierher gebraust. Hier ist's wesentlich kühler und sogar grün! Unser altes Fleckerl liegt nicht mehr in der Zone der Steinwüste.

Hier im alten Einsatzort, den ich schon seit Ende Februar kenne, ist noch alles beim Alten: hier weilt Egelauer, Rotter (schon erholt) und Heinz, sowie Eigemann und Apotheker Lerch. Katarinic, der ja schon seit langem einen eigenen Laden mit Keibl hatte, ist jetzt nach Keibls Versetzung in die Heimat an einen anderen Ort gezogen.

Apropos Keibl: für ihn haben wir noch keinen Ersatz. Apropos Rotter: sein Antwortbrief muss bald nach meiner Abfahrt in Wien angekommen sein. Da ihm die Mütze passt und ich auch andere gewünschte Dinge wie Sterne, etc. mitbrachte, ist das Schreiben an Dich also hinfällig. Apropos Orden: ich bin der einzige Offizier,

---

[35] Sankar = Eigentlich Sanka oder Sankra, Abkürzung für Sanitätskraftwagen

der einen kroatischen Orden bekam, sonst hat überhaupt niemand etwas erhalten, obwohl alle eingegeben waren, auch Höfinger und unsere zwei kroatischen Offiziere nicht (Katarinic, Cukac).

Soviel ich läuten hörte, werde ich als Fachmann für die ganze Division gelten, Heinz werde mein Vertreter (bitte mit Vorbehalt genießen!).

Ich wohne jetzt bei Eigemann. Eine geringfügige Ortsveränderung scheint für die nächste Zeit nicht ausgeschlossen.

Nun Schluss mit meinem Kunterbunt! Mit vielen Pieps und Rbs empfiehlt sich

Schnü

N.S.: Was ich hier machen werde? Das weiß noch niemand.

19.7.44.

Lieber HH!

Habe mit großer Betrübnis und Besorgnis vom letzten Angriff auf das Stadtgebiet von Wien gehört. Zittere für den zitternden Hasenhasen. Hoffentlich ist alles gut gegangen.

Hier nichts besonderes, keine Veränderung gegenüber dem letzten Brieflein. Heute besonders starker Verwundetenanfall. Heinz und ich sprechen nur das nötigste und kommen so am besten aus. Außer mir hat noch niemand eine kroatische Auszeichnung erhalten.

Viele Pieps mit Rbs

Schnü

Liebes Lumpi!

Seit meinem Abmarsch von Egelauers Verein vor einigen Tagen war ich auf der Suche nach Ottos Einheit, hab sie nun gestern gefunden, als sie für zwei Tage in einem fast wallensteinischen Lager sich etwas zur Ruhe setzte. Da gab es natürlich für mich allerhand zu tun. Die Verwundeten waren bald weg; Groß war und ist aber der Jammer der vielen Fußkranken (Schweißfüße aller Spielarten) und sonst schwer Hergenommener. Morgen früh soll es wieder in die Berge gehen. Augenblicklich sitze ich in einem Vier-Mann-Zelt und warte, bis der Regen aufhört.

Wenn ich mich recht erinnere, war meine letzte Karte, die ich vor der neuen Vertretung schrieb, nicht nummeriert, ich denke es war Nr. 5; der heutige Brief also Nr. 6.

Es geht jetzt scheinbar die alte Tour des dauernden Vertretens wieder an, obwohl es keinen beurlaubten Arzt gibt. Bin gespannt, was man mit mir noch alles anstellen wird. Rotter ist bis zu meiner Abfahrt noch nicht auf Genesungsurlaub gefahren.

Ich bedaure sehr, dass ich nicht in der Lage bin - auf schätzungsweise zehn Tage - von Dir Post zu kriegen[36]. Ich bitte Dich, ebenfalls so lange Geduld zu haben.

Und nun bis dahin alles Liebe mit vielen Pieps und Rbs von

Schnü

---

[36] **Anmerkung**: Hiermit wird ein beginnender Fronteinsatz angekündigt, von den dabei herrschenden Strapazen künden die darauf folgenden, sehr knapp formulierten Briefe. Diese waren aber trotz der Kürze besonders wichtige „Lebenszeichen", da das plötzliche Ausbleiben von Post zu Hause Angst um den Soldaten geschürt hätte.

Liebes Lumpi!

Habe gerade die Möglichkeit, ein Brieflein nach hinten bringen zu lassen. Es geht mir gut, bin allerdings von den Bergen etwas mitgenommen, ebenso von der Hitze. Hoffe, dass Dir der Mond die vielen Rbs übermittelt, die ich ihm oft und oft des Nachts für Dich aufgebe. Viele Pieps!

Schnü

11.8.44.

Liebes Lumpi!

Nach drei Tagen ohne Schlaf, aber dafür mit größten Strapazen geht es mir gut. Habe bloß Schlaf, Schlaf, Schlaf! Gute Nacht! Mit vielen Rbs

Schnü

N.S.: Habe schon seit 27.7. keine Post erhalten, hoffe das Beste bei Euch. Werde noch ein paar Tage bei Otto bleiben.

15.8.44.

Liebes Lumpi!

Brief Nr. 9, falls das kurze „Schlaf-Brieflein" Nr. 8 war! Sei mir nicht böse, dass ich das letzte Mal bloß einige Jammertöne von mir gab. Ich war - wie alle anderen -

schwer übermüdet und war froh, mich endlich zwischen zwei Felsen auf Geröll legen zu können. Dann ging's wieder weiter bis heute, der ewige Horizontschleicher - die neue Methode, um in beweglicher Kampfführung (lange überraschende Märsche über Stock und Stein) den Feind stets von anderen Seiten zu packen. Jedenfalls der schwerste, anstrengendste Einsatz in glühender Hitze, den die Truppe seit Bestehen mitmachte. Schnürzlhundi hat sich oft nur mit letzter Kraftanstrengung fortgeschleppt - so wie die anderen, Piep, Schluss damit!

Und nun sucht sich Schnü an einer geschützten Stelle im Busch - hier ist Vegetation - ein Loch zum schlafen, damit mir nicht zu unerwartet die blauen Bohnen oder größere Brocken um die Öhrli sausen. In absehbarer Zeit soll das Unternehmen zu Ende gehen, dann werde ich wieder zu Egelauer zurückkehren und endgültig auf Biegen oder Brechen Klarheit schaffen.

Hoffe dann bei Rückkehr von Dir eine Menge Briefe vorzufinden. Piep.

Auf dem Umschlag steht meine alte Feldpostnummer 46276, die ich vor Abmarsch schon aufdrückte.

An Frau Mama herzliche Grüße und Handkuss. An Lumpentier viele Rbs

Schnü

27.8.44.

Lieber HH!

Bin eben zu Egelauers Verein zurückgekehrt und fand ein ganzes Päckchen von Hasenbriefen vor. Piep. Bin völlig kaputt und darf nun nach vier Wochen wieder in ein Bett steigen und ohne Fliegenplage schlafen. Hundi verabschiedet sich daher für heute mit vielen Pieps und Rbs.

Schnü

29.8.44.

Liebes Lumpi!

Komme heute wieder zu Dir mit einem Sack voll Rbs. Leider kann ich Dir weder diese Blumen, noch süße frische Feigen oder Weintrauben in natura schicken, die es hier reichlich gibt. Die Leute hier beteuern dauernd, wie schwer sie's hatten (siehe Heinz). Die sollten einmal vier Wochen in einer Steinwüste von einem Berg zum anderen wandern in glühender Hitze oder im Finstern, nicht auf Wegen, sondern in „freier Jagd" über Stock und Stein zwischen Schlangen, Skorpionen, Riesenspinnen, Heuschrecken und anderem Getier; sie sollten auf hartem Fels oder Geröll (was anderes gibt es nicht, also bitte zu wählen!) vier Wochen schlafen und dabei noch womöglich vor Kälte zittern, wenn durch die häufigen Nachmittagsgewitter alles wärmende (Zeltbahn und Decke) nass geworden ist; dazu sind die Nächte im Gebirge ziemlich kühl. Dazu die ganze Zeit kalte, wenn auch sehr gute Konserven essen, nur trübes Zisternen-Regenwasser trinken, dann außer den üblichen Schießereien 3-4 Nahkampftage (bzw. -nächte) mitmachen, dann wäre sicherlich der bedauernswerteste Held aller Zeiten geboren. Während der Liebling zu operieren hat und ihm damit bereits nunmehr anderthalb Jahre für chirurgische Facharztausbildung angerechnet werden, wälzt sich Frauchen in Tränen!? Es gibt glaube ich kein Wort, dass die Summe des Verwerflichen, Hinterlistigen, Ehrgeizigen und Verrückten treffend ausdrücken könnte.

Nun zu etwas anderem: die Funktion, deretwegen ich zu einem Lehrgang ins Reich fuhr, ist nun doch mir zugefallen. Werde darin dann zu arbeiten beginnen, bis es mir wieder ganz gut geht. Habe seit einigen Tagen Fieber; heute schon viel besser. Das kriegt hier so einer nach dem anderen. Bei mir kommt nur noch die starke körperliche Ermüdung hinzu. Hase, nicht böse sein, dass ich im letzten Brieferl noch nichts schrieb. Jetzt ist er schon bald vorbei und bitte bitte meiner Mutter nichts davon mitteilen. Für diesmal empfiehlt sich

Schnü

Mit vielen Rbs und Piep an groß und klein Lumpi und hofft, dass es dem Hasentier trotz allem Bösen verhältnismäßig wohl ergeht. Handküsse an Hasenmutter!

Schnü wünscht nochmals - weil man alles Wichtige zweimal schreiben muss - das Allerliebste zum Burzeltag! Piep!

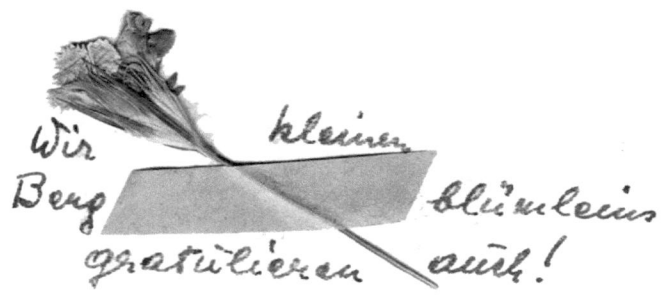

Wir Berg kleinen blümlein gratulieren auch!

Liebes Lumpi!

Ein Brieferl Nr. 13! Also in Kürze: Schnü schon völlig gesund, aber gestern kamen wieder zehn KVK[37] zweiter Klasse und ein KVK erster Klasse in einer kleinen Ordenskiste, die Balbo mittags selbst brachte. Heute nachmittags war Verleihung durch Egelauer. Von den Offizieren bekam Rotter etwas und zwar ein KVK zweiter Klasse mit Schwertern.

Danach entschuldigte sich Egelauer in Anwesenheit von Rotter, Eigemann und Apotheker bei mir, dass er im letzten Moment das KVK erster Klasse mit Schwertern, dass für mich von ihm (Egelauer) angefordert worden sei, dem Balbo für den Hauptmann Höfinger zurückgeben musste. Höfinger hatte den Beleidigten gespielt und scheinbar auf den Tisch gehauen, weil er seit Anwesenheit bei der Division (seit zwei Jahren) noch keine Auszeichnung bekommen hatte; er hat allerdings auch nur täglich fünf Minuten Unterschriften geleistet und sich sonst gelangweilt und herum geschimpft.

Lieber Hase! Ich habe mir wirklich, auch nicht im tiefsten Winkel, was erwartet; aber gekränkt hab ich mich im Nachhinein doch schwer. Fast hatte ich also schon in Händen, was ich nun vielleicht nie mehr kriegen werde. Nur weil Balbo so ein Schussel ist, der bei keinem klaren Entschluss bleibt, und weil er weiß, dass ich ruhig aber zuverlässig weiter diene.

Verzeih mir bitte, dass ich Dich damit beschäftige; aber ich musste mir mein Herz ausschütten. Ich hätte mich gefreut wie ein Junge, der vom Ritterkreuz träumt. Dies wäre das erste Mal gewesen, dass mir die Kompanie einmal wirklich unerwartete und ungetrübte Freude

---

[37] KVK = Das zuvor erwähnte Kriegsverdienstkreuz

gemacht hätte. Bitte behalte dies alles bei Dir. Mit vielen Pieps und Rbs empfehle ich mich heute. Nun gehe ich zur Rotters Feier (KVK-Verleihung wird begossen).

Also bitte, sag niemandem was von der Angelegenheit! Heinz bekam wieder nichts; scheinbar wegen mir. Egelauer bekam zuerst die Orden, die er nun im Nachhinein einreicht. Rb

Schnü

6.9.44.

Lieber HH!

Befinde mich seit drei Tagen auf einer Vortragsreise durch das ganze Divisionsgebiet, um meine Weisheit, die ich im Sommer in Kursen eingetrichtert bekam, an die Truppenärzte weiterzugeben. Werde nun bei dieser Gelegenheit auch mehrmals ans Meer kommen. Seit einer Woche stockt der Postverkehr, was wohl auch in naher Zukunft nicht so schnell behoben sein wird. Habe heute durch einen Dienstreisenden ein kleines Paket an Dich bis nach Belgrad mitnehmen lassen.

Liebes Lumpi! Du weißt, ich mache nicht gerne lange Sprüche; darum will ich Dich kurz bitten, Dich zu fassen, wenn eine lange, vielleicht sehr lange Zeit keine Post von mir kommt. Ich muss Dir dies sagen, weil die allgemeine Lage dazu zwingt[38]. Übrigens habe ich diese Entwicklung vorausgeahnt, es im letzten Urlaub aber nicht übers Herz gebracht, Dir dies mitzuteilen. Piep!

---

[38] **Anmerkung** = Ein Hinweis darauf, dass die alliierten Angriffe zunehmen und der Feind näher kommt. Wie nah er schon ist sieht man daran, dass Fritz jederzeit mit einem Rückzug rechnet, ohne vorher nochmal einen erklärenden Brief schreiben zu können.

Und wieder gut sein; es hilft ja alle Sorge und alles Klagen nichts.

Wenn Du meiner Mutti in meinem Namen ein Geburtstagsgeschenk überbringen willst, so machst Du mir selbst damit Freude. Also am 25. Oktober hat sie Namens- und Geburtstag zugleich. Was Du dafür auftreibst, bleibt natürlich Dir und den Umständen überlassen.

Also nochmals, wenn einmal lange kein Brief mehr kommen sollte, so ist bloß der böse Feind daran schuld. Schnü wird dafür umso öfter in Gedanken zu Dir kommen. Guck auch Du dann öfters zum großen mit dem kleinen Bärli. Übrigens bitte ich Dich dringend, meine letzten nichtssagenden Briefe zu vernichten (1-13).

Und nun für heute Schluss. Viele lange Pieps mit süßen Rbs aus weiter Ferne von

Schnü

N.S.: Herzliche Grüße mit Handkuss an Frau Mama und Teti. Bitte mir den Erhalt dieses Briefes zu bestätigen.

11.9.44.

Liebes Lumpi!

Bin nach einer nächtlichen Fahrt längs der Küste in einer einzig schön gelegenen Stadt heute angekommen. Die Fahrt auf einem kleinen Boot der Kriegsmarine war bei mäßigem Seegang herrlich schön. Der kräftige Dieselmotor hat uns (Schnü und sieben Mann Besatzung) in drei Stunden glücklich über alle Buckel des Meeresspiegels hinweg getrieben. Den feindlichen Schnellbooten haben wir eine Nase gedreht und sind aus einer

Bucht heraus erst losgefahren, als diese vorbeigehuscht waren. Im Finstern konnte ich nun nicht in die Stadt gehen und musste im Flottillen-Haus übernachten, nicht bevor ich einige Seemannsbräuche in Form von Alkohol über mich ergehen hatte lassen.

12.9.44.

Durch meine nächtliche Fahrt zur See habe ich mir einen großen Umweg mit Auto und Bahn erspart und bin nun die zwei Reisetage vollkommen frei! Dann zwei Vortragstage, d.h. täglich 3-4 Stunden am Abend. Komme mir am Balkon meines Zimmers in einem ehemals sehr vornehmen Hotel (heute Soldaten- und Offiziersheim) wie ein Fürst vor. Vor mir wedeln die Zweige hoher Palmen und über die Dächer der historischen Stadt schweift mein Blick weit übers blaue Meer! Ein unvergleichlicher Anblick! Aber die Freude ist nur halb, ich bräuchte jemanden, mit dem ich das alles sehen und erleben dürfte, dann wär das Glücksgefühl noch viel viel größer. Warum bist Du nicht da, Lumpenhase, Du lieber, guter? Die Befürchtung, dass ich Dir diese Märchenwelt auch nie werde zeigen können, stimmt mich...
- aus, Schluss, aus, zu was anderem!

Ich fürchte, dass hier eines Tages böse Menschen einziehen werden. Und nun, liebes Margaretchen, hab ich eben gehört, dass Wien-Stadtmitte stark bombardiert wurde. Recht große Sorge habe ich um Dich und Deine Mutti und dazu klappt auch die Post nicht! Hat der Angsthase viel gezittert? Gar sehr fürchte ich auch für meine Mutti, die sich sicherlich dauernd in einem Aufregungszustand befindet. Und Schnü sitzt so weit weg, kann nicht helfen und sich auch an der schönen Natur und den Kunstwerken - nach Wochen in trostlose Einöde - nicht recht freuen. So kann man nicht mehr froh werden. Armer Hase, nun Schluss mit diesen Dingen!

Alles Liebe wünscht Dir und Deiner Mutti mit vielen Pieps und Rbs

Schnü

N.S.: Es wird schon alles wieder recht und gut werden. In 3-4 Tagen setze ich meine Reise fort.

16.9.44.

Lieber HH!

Nach ein paar herrlichen Tagen habe ich mich heute abends beim Sonnenuntergang vom blauen Meer und dem lieben Städtchen verabschiedet. Morgen früh um 5 Uhr geht's weiter - ins Landesinnere. Dort habe ich dann wieder mehr Zeit, ein längeres Brieflein an das Lumpentier zu verfassen.

Hoffe, dass es Dir samt Mutti gut geht. Handkuss! Herzliche Grüße an Toni! Mit vielen Pieps und Rbs

Schnü

N.S.: Jetzt gibt's eine kleine Abschiedsfeier im Soldatenheim - mir zu Ehren! Noch ist ja alles ruhig, mit Ausnahme der obligatorischen Bandenwirbel[39], die ja schon ein Charakteristikum des Landes geworden sind.

---

[39] Bandenwirbel = Partisanenangriffe

Lieber HH!

Bin in Fortsetzung meiner Vortragsreise in das Städtchen gekommen, das von jeher ein heißer Boden war; das bezeugen die zahlreichen Befestigungswerke aus altösterreichischer Zeit, die fast sämtliche kahlen Berge ringsumher „krönen"; die tapferen Italiener hatten noch eine erkleckliche Anzahl hinzugefügt.

Abgesehen von der Gefährlichkeit der Reise ist sie für mich eine wahre Erholung, ich werde überall gut bewirtet und habe auch viel Freizeit, da mein Kurs bloß überall zwei Halbtage dauert; dazwischen habe ich stets zwei Reisetage, die ich infolge der bisherigen glücklichen Verbindungen fast stets für mich hatte, mit Ausnahme eines einzigen Bandenkampftages. Heute habe ich beim Spazierengehen auch Lebls, Weinholds und Freidls Grab besucht, die hier in der Nähe gefallen sind.

Vor meiner Abfahrt nach hier, habe ich mich abends bei Sonnenuntergang nochmals ans Meer gesetzt, um vor dem wunderbaren Stück Welt gebührend Abschied zu nehmen. Hab dabei viel ans Lumpi gedacht.

Weil ich gerade bei Lumpi bin. Habe einen neuen Freund, auch namens Lumpi: es ist ein junger springlebendiger Schäferhund, der hier einem Kollegen gehört, in dessen Zimmer ich wohne. Er ist ein sehr lieber, vor allem sehr gefräßiger Kerl, schnellt sich mit allen vier Beine so hoch in die Luft, dass er noch auf den Tisch sehen kann, ob was für ihn abfallen möchte. Er wird aber auch des Öfteren schwer gezüchtigt - hab auch schon unter seinem Gewinsel zugehauen - wenn er beispielsweise seine kleine Blase nicht ordnungsgemäß verschlossen hält, wenn er im Zimmer ist; oft zieht er sich nach solcher Tat schuldbewusst kriechend vorsorglich hinters Bett zurück. Er hat allerdings so liebe Augen und überhaupt ein so nettes Gesicht, dass man ihm nicht bös sein kann. Ein richtiges Lumpentier. Hat übrigens vom vielen Streicheln fast schon eine Glatze! Hoffentlich ist das große Lumpi deswegen nicht eifersüchtig!

Bei uns ist im Großen und Ganzen alles unverändert, wenn auch die großen Fronten wesentlich näher gerückt sind.

Für heute Schluss mit vielen vielen Pieps und Rbs, den besten Wünschen für Dich und Deine Mutti! Habe mit Schaudern gehört, dass beim Terrorangriff das Gebiet um Freyung-Alsergrund besonders betroffen wurde. Hoffe das Beste.

Schnü

N.S.: Ich bekomme ca. am 25.9. Deine Briefe von vier Wochen.

21.9.44.
Lieber HH!

Bin auf meiner Reise wieder um ein Häuschen weitergekommen, letzte Station, bevor ich wieder zu Egelauer zurückkehre und hoffentlich viel <u>gute</u> Post vorfinde. Bin sehr in Sorge wegen des Terrorangriffes auf die inneren Stadtteile Wiens! Liebes liebes Häschen, hoffentlich bist mit Hasenmutter heil davongekommen und stellst die Öhrli wieder so froh auf wie vorher. Siehst, Schnü geht's auch tadellos. Die Lage hat sich stabilisiert, nur die großen Fronten sind näher gerückt. Wir gehören bald zu den am weitesten vom Reich entfernten Truppen. Hoffentlich sind wir nicht schon zu weit weg.

Pavelic[40] hat wieder einmal ewige Treue geschworen. Es würde mich aber absolut nicht wundern, wenn morgen kroatische „Staatsmänner" um Frieden bitten würden - bei der Gegenpartei. Denn praktisch ist fast schon das gesamte Volk, das in diesem Staat wohnt, gegen uns eingestellt, mehr oder weniger offen auch die Leute, mit denen wir tagtäglich zu tun haben. Es heißt jedenfalls, auf der Hut sein und mit der Pistole schlafen, sonst wacht man eines schönen Tages ohne Kopf auf!

Für heute wieder Schluss mit vielen Pieps und Rbs mit Aussicht auf baldige Fortsetzung!

Schnü

N.S.: Habe auf der Reise fleißig fotografiert.

26.9.44.

Lieber HH!

Bin wieder bei Egelauer gelandet, nachdem ich drei Tage zuvor gerade noch einen Zug benutzen konnte, bevor die Tschetniks die Strecke sperrten. Diese haben uns, nachdem wir sie fast ein Jahr lang mit Munition und Verpflegung versorgt hatten, den Krieg erklärt. Hier sitzen jetzt alle Größen unseres Vereins zusammen. Übrigens bin ich noch nie so stürmisch von der ganzen Runde, die eben bei Tisch saß, begrüßt worden, wie diesmal. Man hatte mich schon für verloren gehalten (Tschetniks!).

Ich fand auch eben angekommene Post von Dir vor: Briefe Nummer 26, 30, 33, 34 und 35 (vom 18.9.). Sie

---

[40] Ante Pavelić - Faschistischer Diktator des Unabhängigen Staates Kroatien

waren alle auf einmal gekommen. Ich las mit Betrübnis, was in Wien alles kaputt ist; bin aber wesentlich erleichtert, weil ich weiß, dass Du und Mama doch immerhin glimpflich davon gekommen seid. Sag, hast Du beim Angriff was abgekriegt, dass Du eine Woche nicht schreiben konntest? Du drückst Dich etwas unklar aus. Ich hoffe, dass bei Dir und Mutti schon alles wieder gut ist. Tust mir sehr leid, dass Du dazu noch so schwer arbeiten musst. Viele viele Pieps und dann ist's hoffentlich gut.

Gefreiter Doktor Füger überbringt Dir gütigerweise ein Päckchen. Sollst ein wenig Freude haben daran. Hast Du das vor ca. drei Wochen abgesandte gleichen Inhalts schon bekommen? Füger wohnt am Tiefen Graben und ist bombengeschädigt; er ist in Zivil bei der Konkurrenz beschäftigt (Städtische Versicherung), bei uns aber seit einiger Zeit in der Schreibstube.

Deiner Frau Mama gute Besserung, ebenso Dir! Viele Rbs und Pieps von

Fritz

7.10.44.

Lieber HH!

Deine Briefe „tröpfeln" bei der augenblicklichen Verkehrslage nur ein. Das ist nicht Deine Schuld; es kommt eben bloß durchschnittlich nur einmal wöchentlich Post an. Und immer ist was von Dir dabei - (auch) meist gleich ein paar Brieflein. Worauf ich nun hinaus will, kannst Du Dir leicht vorstellen. Ich will, dass Du mir nur zweimal wöchentlich schreibst, beispielsweise Mittwoch einen Kurzbrief (zwei Seiten), Samstag/Sonntag einen ausführlichen lieben Brief vom Hasenstall.

Dieser mein inniger Wunsch soll Dich nicht beleidigen. Deine Zeilen sind mit das einzige, wonach ich mich hier dauernd sehne und was mich bei allem, was hier vorgeht, immer wieder froh macht. Aber Dein Leben ist seit den letzten Bombenangriffen und Kriegsverordnungen in sicher so angespannt beansprucht, dass Du die Nächte nicht noch opfern darfst, um mir meine Briefe zu schreiben. Andererseits wird die Verkehrslage in absehbarer Zeit keinesfalls besser, eher noch schlechter. Es kommt also doch höchstens einmal wöchentlich Post. Schnü „befiehlt" also als Herr über Piep, Nutsch, Amanda und die anderen Tierli, dass obiger Wunsch auch vom Lumpi erfüllt wird. Du weißt doch, dass ich mir hiermit selbst einen großen Verzicht auferlege. Sei also weder bös noch sonst betroffen! Bitte äußere Dich dazu! Es soll ja alles nur zu Deinem Besten sein!

Ich sitze also seit ca. 10-12 Tagen wieder beim Verein Egelauer, ohne ein Arbeitsgebiet zu haben; ich habe Egelauer auch schon ersucht, mir eine Tätigkeit zuzuweisen, die mich auslastet. Seine Antwort: „Warum sollen sie nicht auch einige Zeit nichts tun, wenn's möglich ist? Sie haben ohnehin von uns allen das meiste mitgemacht". So sitze ich jetzt viel über meinen Büchern und Skripten, die ich schon so lange unbenutzt mitschleppe.

Schade, dass Egelauer vermutlich in absehbarer Zeit uns verlassen wird, so scheint es jedenfalls. Nach seinen eigenen Worten stellt angeblich die Ärztekammer Ober-Donau Ersatz für ihn. Auch bei Balbo bin ich jetzt oben auf. Es wäre nicht ausgeschlossen, dass ich nach Egelauers Abschied Balbos Adjutant werde. Aber auch Balbo hat die Absicht, von uns zu gehen. Werden ja sehen! Heinz ist das alte Großmaul, Rotter ist jetzt das Opfer seiner dauernden stechenden Reden. Mir gegenüber ist er jetzt annehmbar, scheinbar infolge der allgemeinen Anerkennung, die ich fast überall finde. Er ist jetzt auch etwas neiderfüllt, da mir doch Egelauer das Kriegsverdienstkreuz erster Klasse (verleihen) zukommen lassen wollte, dass dann buchstäblich im letzten Moment vor der Verleihung dem Hauptmann Höfinger abgetreten werden musste. Wenn nun Egelauer weg kommen sollte, werde ich es wohl nie mehr kriegen, da sich ein Chefwechsel diesbezüglich meist schlecht auswirkt.

Allgemein beeindruckt war man auch, wie ich nachträglich von verschiedenen Seiten hörte, als ich aus meinem letzten Einsatz zurückkehrte und den stark niedergeschlagenen Helden, die den Krieg bloß von der Leinwand kennen, den Kopf zurecht setzte. Dies hat sich zugetragen in dem netten Kasino vor versammelten Häuptern des Vereins. Übrigens war hier unlängst eine ziemliche Sauferei[41] ausgebrochen, bei der ich zwar nicht als Leiche Abschied nahm, aber mit reichlich Stimmaufwand mich und die anderen köstlich unterhielt, wie schon lange nicht. Höfinger hatte den Festrausch übernommen.

Für heute Schluss mit vielen Pieps und Rbs

Schnü

---

[41] **Anmerkung**: Gerade in den letzten Monaten des Krieges kam es immer öfter zu Exzessen dieser Art, was sich mit der Übermacht des Feindes, dessen Vorrücken und der damit einhergehenden Angst bei deutschen Soldaten erklären lässt. Obwohl nach wie vor Weisungen galten, die so etwas unterbinden sollten, wurde vor Ort oft „ein Auge zugedrückt", um den Truppen ein Ventil zu lassen. Deshalb wurde auch immer öfter in Briefen davon berichtet, denn die einstige Disziplin in der Wehrmacht löste sich immer mehr und mehr auf.

N.S.: Handkuss an Frau Mama! Meine Mutti hat am 25.10. Namens- und Geburtstag. Hab ihr drei Briefe verschiedenen Datums geschrieben.

12.10.44.

Lieber HH!

Was soll ich Dir von uns und mir hier neues Unwichtiges berichten, wenn wir alle hier am alten Ort und alter Stelle das Eintönig-Alte tun. Kaum, dass ich einige Tage hier hocke, ist mir auch schon fad. Es ist zwar ganz schön, ruhige Tage zu verleben, aber doch keine Befriedigung. Unser riesiges Lazarett ist klein und mehr als drei verantwortlich zeichnende Ärzte (inklusive Chef) können sich doch nicht im Wege stehen. So habe ich außer meinen diversen „Nebenämtern" jetzt eigentlich keine hauptamtliche Beschäftigung. Ich betätige mich durch Arbeit mit meinen Skripten und Büchern nach Art des Rigorosen-Studiums[42].

Abends gibt es immer eine blödsinnige „Mensch ärgere Dich nicht"-Spielerei, auf die alle mit Ausnahme des Heinz wie versessen sind. Die Spielerei bringt mich schon bald zur Raserei - es müssen sechs Mann teilnehmen - sei es durch das wahnsinnige Spieltempo, sei es durch den dabei genossenen Alkohol. Jedenfalls dauert so eine Sitzung stets vom Abendessen (18:30 Uhr) bis gegen Mitternacht. Angeblich soll ich unlängst in alkoholischer Verzückung wieder alle zu einer unbeschwerten Heiterkeit mitgerissen haben. Dichtung und Wahrheit habe ich den Tischgenossen in sarkastischen

---

[42] Rigorosum = Die mündliche Abschlussprüfung eines Doktoratsstudiums

Witzen an den Kopf geworfen. Jedenfalls habe ich mich dabei selbst köstlich unterhalten.

Und ein wenig Ablenkung haben wir auch wirklich notwendig; jungen Wein, frischen Branntwein und andere Getränke gibt es hier im Lande ja reichlich. Außerdem kann man uns dies in unserer derzeitigen Situation auch nicht übel nehmen. Nicht, dass wir feiern wollten, während andere bluten. Das Motto „Zuschauen kann ich nicht" bezieht sich nicht so sehr auf den Alkohol als auf das große Geschehen in unserer Nähe. Wo und wie wir Soldaten von dieser Welt scheiden, macht uns nichts mehr aus (mir zumindest macht dieser Gedanke nichts mehr aus); dann hat man auch bei jedem Gefecht die besten Nerven und die größte Sicherheit. Aber beim Gedanken, man könnte vielleicht „im Sack verkauft" werden wegen der Freundschaft zu einem Staatsmann, der in seinem Ländle keine Ordnung halten konnte und dem man schließlich zwei Jahre im Sattel sitzen half, wird einem doch das Gehorchen schwer[43]. Generalleutnant Dietmar sprach von politischen Rücksichten, die wir am Balkan üben müssten und die die Rückführung der Truppen zur Verteidigung der „Festung Reich" hemmten. Könnten wir nicht an anderen Abschnitten mehr für die Heimat leisten? So denkt hier der „kleine Mann", der allerdings keinen Überblick über das große Geschehen hat. Aber noch ist nichts verloren und die Parole lautet „Kampf bis zum Letzten!". Übrigens haben wir über diese Dinge vor langer Zeit schon gespro-

---

[43] **Anmerkung:** Hierbei bezieht sich Fritz auf die Gefahr, in einem fremden Land stationiert zu sein, das jederzeit seine Führung wechseln und Deutschland den Krieg erklären könnte. Dies war zuvor schon in Italien geschehen, wo Benito Mussolini im Jahr 1943 durch Marschall Badoglio ersetzt worden war, der sich nach seiner Machtübernahme sofort auf die Seite der Alliierten stellte. Würde etwas Ähnliches in Kroatien passieren, was zum Ende des Krieges hin durchaus im Bereich des Möglichen lag, wären Fritz und seine Kameraden quasi sofort in Feindesland eingeschlossen gewesen.

chen; es ist auch prompt alles so gekommen, wie ich es ahnte.

Nun für diesmal Schluss! Das nächste Mal wieder heitere Weisen! Herzliche Empfehlungen an Frau Mama! Viele Rbs und viele Pieps

Schnü

1.11.44.

Lieber HH!

Bin nun leider schon drei Tage nicht zum Schreiben gekommen, da ich mit Quartiermachen und Transportfragen reichlich zu tun hatte. Habe eben tadellose geräumige Unterkünfte geschaffen. Eigemann und Cukac, die beide bei mir sind, rühmen meine diplomatischen Fähigkeiten. Rotterlein ist mit dem Großteil des Vereins auch schon bei mir eingetroffen, bloß Egelauer und Heinz arbeiten noch in der Nähe des alten Unterkunftsortes. Katarinic wirkt ja jetzt wahrscheinlich schon bei der Gegenpartei[44].

Vor mir liegen die Briefe Nummer 46, 48, 49 und Dr. Füger-Brief Nr. 47, so wie Dein Paket, für das ich viele viele Pieps sage, besonders für die wirklich süßen Rbs, die der HH dem großen und kleinen Schnü sandte. Die beiden Schnüs sind schon verzehrt, der Hase lebt noch. Was darf ich mir für des Rätsels Lösung wünschen? Aus der Briefserie fehlen mir einige Nummern die vor den angegebenen liegen. Werde im nächsten

---

[44] **Anmerkung:** Gemeint ist die bereits zuvor erwähnte Volksbefreiungsarmee, geführt von Josip Broz Tito. Damit vermutet Fritz, dass sich der ehemalige „Kollege" Katarinic den Partisanen angeschlossen haben könnte.

Brief (in Bälde!) alle Briefnummern, die mir fehlen, melden.

Ich freue mich besonders, dass im Hasenstall alles wohlauf ist und meine beiden Päckchen ankamen. Viele Rbs

Schnü

10.11.44.

Lieber HH!

Nun spiele ich also schon bald drei Wochen Kompaniechef mit sämtlichen Schriftverkehr; Zahlmeisterei ausgeschlossen; desgleichen habe ich ja ein Lazarett als Chef zu überwachen, in dem Rotter seinem Handwerk nachgeht. Dabei bei großer Raumknappheit ständige Quartiersorgen hinsichtlich Fliegersicherheit (Splitterschutz), Schutz gegen Erdbeschuss besonders fürs Lazarett, aber auch für die Unterkunft der Kompanie (Mannschaften, Unteroffiziere, Pferdchen, etc.)[45]. Dazu kommt noch der ständige Ärger mit den Kroaten, die seit den Ereignissen der letzten Wochen, von Ausnahmen abgesehen, nicht so leicht bei der Stange zu halten sind als sonst. So bin ich gezwungen, ein strenges Regiment zu führen und ab und zu von der Disziplinargewalt Gebrauch zu machen.

Egelauer als unser nunmehr einziger Chirurg sitzt mit Heinz weiter „vorne", sie führen dort einen Hauptverbandsplatz. Da Katarinic übergelaufen ist, muss

---

[45] **Anmerkung:** Zum Schutz vor Bomben, Granaten und anderen Geschossen wurde versucht, Lazarette unterirdisch, in Bunkern oder wenigstens zwischen Hügeln anzulegen, so dass die umschließende Erde eventuelle Geschosse abfangen würde.

nunmehr Egelauer notgedrungen als vorgeschobener Chirurg arbeiten. Dass man mir die Fähigkeit, einen Mann mit den Befugnissen eines Bataillonskommandeurs auf längere Zeit zu vertreten, zumutet, freut mich immerhin. Es haben mich auch schon einige höhere Tiere besucht.

Übrigens kannst Du Dir, liebes Greterl - Pardon, Margarete - ja vorstellen, wie unter diesen Umständen mein Tagewerk beschaffen ist: kaum, dass ich aufgestanden - schlafe mit Rotter und Eigemann in einer ganz netten Stube - und ins Geschäftszimmer gegangen bin, ist's vor lauter Schriftkram, Kontrollgängen, etc. auch schon Mittag. Oft besuchen uns schon vorher bei schönem Wetter die Jagdbomber und stören den Betrieb, meist erscheinen sie aber knapp nach dem Mittagessen und treiben dann in der ganzen Gegend bis abends ihre possierlichen Spielchen. Nun Gott sei Dank ist während meiner Anwesenheit in diesem Städtchen nichts passiert (aber vorher wohl reichlich). Ja, Glück muss man haben! Ich hoffe, dass es mir auch weiterhin hold bleibt. Zum guten Tagesabschluss gibt's dann nach diversen Besuchen bei anderen Dienststellen, Appellen mit der Kompanie, ein wenig ärztlicher Betätigung, einen meist alkoholbeschwingten Abend mit meinen Stubenkameraden.

Übrigens hat sich die Front (Invasionsfront von der dalmatinischen Küste her) stabilisiert. Der Wehrmachtsbericht brachte: „Feindliche Angriffe vor Mostar gescheitert". Ich kann dies nur bestätigen.

Hoffe, dass die letzten Luftangriffe Dir und Deiner Frau Mutter kein Leid antaten! Handkuss an Frau Mama! Viele Rbs mit Pieps

Schnü

Lieber HH!

Habe heute eine Menge von Briefen erhalten, fast alle von HH! Vielen lieben Dank dafür. Und was mich besonders freut: es ist alles wohlauf!

Heute habe ich keine Zeit, längere Briefe zu schreiben. Ich möchte Dir bloß - ebenso wie meiner Mama - zwei grüne Päckchenmarken übersenden. Die Marken sind erst heute bei uns angelangt. Ich habe daher für jeden Mann als Einheitsführer ein Ersuchen an die Post schreiben lassen, sie möge das Weihnachtspaket auch noch nach dem 30.11. annehmen, da die Marken ja kaum zeitgerecht daheim anlangen werden. Einen Zettel lege ich Dir bei. Ich bitte Dich, nichts Verderbliches oder Essbares zu schicken, da ihr dies dann entbehren müsst und das Paket sicherlich lange bis zu mir braucht. Zulässiges Gewicht pro Marke 500 g, also insgesamt 1 kg. Handkuss an Frau Mama! Viele Pieps und Rbs

Fritz

28.11.44.

Liebster HH!

Freund Bujak schickt Dir beiliegendes Paket; ich freue mich, dass es doch möglich gemacht wurde, auch nach Hause ein kleines Weihnachtsgeschenk zu schicken. Der arme Kerl weiß nicht, wo seine evakuierten Eltern sich jetzt aufhalten und hat sich bereitgefunden, Dir lieber das Paket zu schicken, als die Erlaubnis ein Paket abzuschicken verfallen zu lassen.

Ich ging also auf Suche, was ich für Weihnachten als kleine Freudenspender schicken könnte, und glaube das richtige gefunden zu haben: etwas Brauchbares und einige exponierte, aber noch nicht entwickelte Filme. Es handelt sich um einige Landschaftsbilder, die ich vor einiger Zeit anlässlich einer Vertragsreise aufnahm. Die Gegend, in der die Bilder gemacht wurden, ist jetzt leider in Feindeshand. Ich hoffe, dass die Bildchen gut sind.

Auch Otto Riegl, der übrigens mit einem Hüftschuss vor ein paar Wochen bei uns eingeliefert, aber bald - operiert - wieder weitertransportiert wurde, ist einmal abgebildet, ebenso wie ich. Der Kerl hat mir trotz Versprechen nicht mehr geschrieben. Ich mache mir schon Sorgen, da er etwas gasbrandverdächtig[46] schien. Vielleicht fragst Du einmal an bei Maritha Riegl, Wien XIII./89, In der Hagenau 32! Telefon: A-52-307.

Und nun wünsche ich Dir und Deiner Frau Mama ein frohes Weihnachtsfest und auch sonst alles Liebe. Rbs

Fritz

N.S.: Ich schreibe an den „Deutschen Ring", weil ich glaube, dass Du das Paket hier am sichersten bekommst. Deine Mama ist vielleicht schon evakuiert, dann bleibt das Packerl unnötig lang auf der Post liegen.

---

[46] Gasbrand = Schnell entstehendes, infektiös-toxisches Krankheitsbild von extremer Gefährlichkeit

Lieber HH!

Die Zeit vergeht hier so schnell, dass man kaum die Tage mehr zählen kann. Ich führe noch immer die Einheit und das Lazarett und habe alle Hände voll zu tun; Egelauer ist noch am Hauptverbandsplatz zusammen mit Heinz. Bei mir befindet sich Rotter und Eigemann. Wenn man also soeben die Augen morgens wachgerieben, brummt's an schönen Tagen auch schon in der Luft; die Jagdbomber brausen in Gruppen zu fünft durch die Luft, wie's ihnen beliebt; besonders auf die Orte an den spärlichen Hauptstraßen haben sie es abgesehen. So prasseln bei uns fast täglich ein- oder zweimal die Bomben nieder; meist in Bahnhofsnähe. Sonst ist der Ort von früher her auch schon stark mitgenommen. Bei der schlechten Deckungsmöglichkeit einerseits (lauter kleine Häuser ohne Luftschutzkeller) und dem raschen Auftauchen der Flieger andererseits (meist kein Fliegeralarm) ist guter Rat oft teuer, was man in der Eile tun soll. Rette sich, wer kann! Ein reichlich unangenehmes Gefühl, wenn man sieht, wie sich hoch über uns die Bomben von den Flugzeugen lösen. Dann heißt es rasch ins nächstbeste Loch. Seit neuestem sprengt man hier Stollen in die Berge. Jedenfalls ist der Dienstbetrieb im Lazarett durch die Fliegertätigkeit schwer beeinträchtigt. Mein Wohnhäuschen (knapp an der Bahn) steht immer noch.

An der „Invasionsfront" des Balkans gibt es nichts Neues. Vor einiger Zeit hieß es im Wehrmachtsbericht, dass die Front dort zum Stehen gebracht wurde. Auch heute noch ist die Lage unverändert trotz stärkerer feindlicher Angriffe. Wie lange wir noch hierbleiben, weiß wohl niemand. Das hängt teils davon ab, wann die

Griechenlandtruppen[47] durchgeschleust sind (dies geht leider verflucht langsam) und wie sich die Lage bei Fünfkirchen[48] gestaltet. Wie es auch kommt, wir müssen es hinnehmen. Dass unsere Lage hier am Balkan nicht blendend günstig ist, beweist ein Blick auf die Karte. Man kann sich natürlich diesen zwangsweisen Gedankengängen entziehen, man braucht bloß den Kopf in den Sand stecken, ein in den letzten Jahren patentiertes Rezept, um alles rosig zu sehen (man erspart sich dann auch noch die rosarote Brille). Aber die Hoffnung, dass sich noch alles zum Guten wendet, geben wir nie auf, auch wenn es jetzt noch zu schlimm aussieht.

Zu Deinem Brief Nr. 54: ich will mich auf dem goldenen Mittelweg bewegen! Ist recht so? Heute habe ich an Dich und meine Mama je ein Weihnachtspackerl geschickt. Hoffentlich kommt's gut an. Pieps.

Und nun Handkuss an Frau Mama und viele Rbs an Dich

Schnü

---

[47] **Anmerkung**: Kroatien war eine äußerst wichtige „Durchgangsstraße" für den Rückzug der deutschen Heeresgruppe E aus Griechenland und Albanien! Hätte man Kroatien verloren, wären die südlicher gelegenen Truppen eingeschlossen gewesen.

[48] Fünfkirchen = Stadt in Ungarn, nahe der kroatischen Grenze, heute Pécs

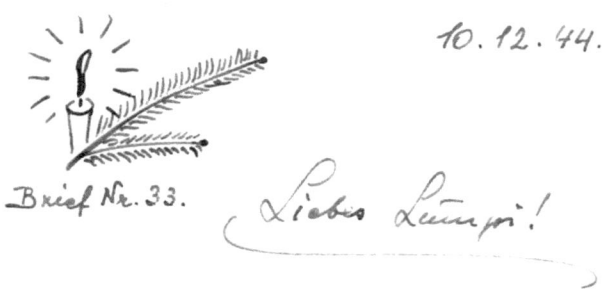

10.12.44.

Liebes Lumpi!

Heute will ich nochmals ein Weihnachtsbrieferl schicken und hoffen, dass wenigstens eines mit meinen liebsten und besten Wünschen für Weihnachten und Neujahr bei Dir ankommt. Habe mich eben sehr über Deine beiden letzten Brieferl vom 14. und 17.11. gefreut und mit Vergnügen und Lächeln einen kleinen Fehler in Deiner Nummerierung festgestellt: beide tragen die Nr. 61. Da freut sich Schnürzlhundi über das „dumme" Lumpi.

Schließlich wäre es ja auch kein Wunder, wenn Dir einmal Dein Kopferl nicht parieren möchte! Tagsüber angestrengte Arbeit, dazu Tag und Nacht keine Flieger-Ruhe, außerdem vermehrte Hausarbeit und dauernde Sorge um Mama und Schnü. Ich hoffe, dass Deine Mutti Wien schon verlassen hat und Du wenigstens diesbezüglich Erleichterung hast. Ach liebes Häschen, wie schade, dass ich Dir nicht helfen kann. Ich bin zu weit weg, allzu weit weg.

Kannst Du Dich an die lieben, schönen Weihnachten erinnern, die ich mit Dir feiern durfte? Wie traut und unbeschwert, aber doch schon - für den Sehenden zumindest - überschattet von den kommenden Prüfungen.

Diese Weihnachten werde ich - vielleicht noch am alten Ort, an dem ich schon fünf Wochen weile - inmitten der Kompanie feiern und werde den Männern als ihr derzeitiger Chef eine Feier bereiten, so gut es die derzeitigen Verhältnisse gestatten. Und solltest Du im Rundfunk am Heiligen Abend eine Soldatenfeier hören, so denke daran, dass heuer auch ich eine Rede schwingen und meine Männer beschenken werde. Und wird das Fest noch so ärmlich, sollte alles schiefgehen - was Gott verhüte - so war es unser schönstes Familienfest! Aber noch ist nicht alles verloren; wir wollen alle fest daran glauben, dass sich wieder alles zum Guten wendet!

Und nun, liebes Lumpi, nochmals alles Liebe Dir und Deiner Frau Mama für Weihnachten und ein glücklicheres Neujahr, als es das alte Jahr war! Zwei kleine Päckchen, zu verschiedenen Zeiten aufgegeben, sollen Dir ein wenig Freude bereiten. Ich habe beide Päckchen an Dich beim „Deutschen Ring" adressiert, weil Du vielleicht - hoffentlich - Deine Mutti schon evakuiert hast und dann die Pakete unnütz lang auf der Post liegen! In beiden Päckchen ist was Genießbares!

Großer und kleiner Schnü grüßen beide Lumpentierli viele tausend Mal mit Pieps und langen Rbs!

Fritz

19.12.44.

Lieber HH!

Muss Dir heute wiederum ein paar Zeilen schreiben; ich habe allerdings keine Neuigkeiten zu berichten, aber ich habe so das Bedürfnis, wiederum zum Hasen zu kriechen, ihm ein wenig das Felli zu kraulen und ihm damit eine kleine Freude zu bereiten. Heute ist wieder ein schwerer Bomberverband vormittags nordwärts, nachmittags südwärts über unsere Köpfe hinweg geflogen; ich musste ständig an Dich und Daheim denken; sie waren vermutlich wieder in Wien. Hoffentlich hast Du den Hasenstall nach Büroschluss wieder heil angetroffen. Hier hatten wir seit einiger Zeit keine Fliegertätigkeit wegen schlechten Wetters; alle umliegenden Berge waren stets in Wolken gehüllt, oft lag dichter Nebel im Tal, manchmal regnete es wie aus Kannen; an zwei Tagen schneite es. Im Allgemeinen ist es hier aber so warm, dass man stets noch ohne Mantel gehen kann. Leider klärte es heute bei zunehmendem Mond so stark auf, dass es morgen wahrscheinlich bestes Flugwetter für Jabos[49] und Tiefflieger gibt.

Mir geht es sonst recht gut, wohne weiterhin mit Eigemann und Rotter in bester Kameradschaft auf einer netten Stube mit moderner Einrichtung. Hier hatte ein Arzt sein Heim, bevor er zu den Partisanen ging. Leider liegt die Bude unmittelbar an der Bahn.

Ich bin noch immer „Chef" in Vertretung Egelauers. Wie lange noch? In wenigen Tagen kommt ein neu zu uns versetzter Stabsarzt hierher. Ich kenne ihn noch nicht. Was ich dann tun werde, weiß ich noch nicht. Augenblicklich gehöre ich noch zu den Honoratioren dieser Kleinstadt; als Mitglied dieser erlesenen Gesellschaft habe ich es durch fast tägliches Eingeladen sein hier und dort schon zu einem chronischen Säufer gebracht: einen halben Liter Rakija[50] trinke ich an einem Abend ohne schwere Folgen; dabei sind kleine Gläschen, die ich tagsüber trinke - wie einst im Urlaub -

---

[49] Jabos = Jagdbomber

[50] Rakija = Obstbrand, der durch Destillation vergorener Früchte hergestellt wird

nicht eingerechnet. Vielfach trinkt man hier das edle Gift aus Wasser- oder Weingläsern.

Was sollte man auch schließlich tun, um seinen Kummer zu ertränken? Häschen ist weit weg und die beiden Hausdamen, die nach Fliegergefahr abends ab und zu vom Dorf nach Hause kommen und uns einladen, bieten nur ganz schwachen Ersatz. Lumpi, bisschen eifersüchtig? Bitte ja! Unter normalen Verhältnissen würde man ja auch schon von der Urlaubsvorfreude zehren und der große und kleine Schnü würde sich eher trösten. Aber so heißt es, auf bessere Zeiten warten. Jedoch - sie werden kommen!

Vorerst sollen Dich meine beiden Weihnachtspakete trösten, die ich vor 2-3 Wochen absandte (Anschrift: Deutscher Ring).

Nochmals alles Liebe für ein besseres Neujahr, als es das alte war! Viele Rbs

Fritz

N.S.: Prosit 1945 an alle gemeinsamen Bekannten! Handkuss an Frau Mama.

27.12.44.

Liebster HH!

Nun ist auch Weihnachten vorüber und unsere Gedanken sind bereits dem kommenden neuen Jahr zugewandt. Das alte hat _mir_ wenigstens nichts Schlimmes gebracht. Etwas gefährliche, aber schöne „Wanderungen" durch ein wildes Land, Vergnügen an der Küste, Kurse und - Urlaub beim Lumpi, ein wunderschöner Urlaub für die Tierlis! Nun geht das alte Jahr zu Ende und Schnürzltierli muss sich beim Hasen noch herzlich bedanken für die liebe Begleitung durch diese Zeit, danken für die vielen lieben Brieferl, die schönen Tage in Mödling, usw. Und das Tierli bittet mit hoch erhobenen Pfoten: Lumpi, bleib auch weiterhin bei mir! Es wünscht Dir recht viel Glück im neuen Jahr; bleib gesund, Hase! Ebenso die Hasenmutter.

Weihnachten ist bei uns recht schön gewesen: Reisiggeschmückter Theatersaal, zwei Weihnachtsbäume mit Kerzerln, Rede von Schnü, Predigt von Eigemann, Wehrmacht-Geschenkpackung, leckeres und reichliches Essen, dann geselliger Teil mit komischen Vorträgen und einem Einakter von Hans Sachs' „Das Narrenschneiden" (drastisch-komische Heilung eines eingebildet-Kranken!). Der neu zu uns versetzte Stabsarzt Dr. Kloke (Berliner, recht gemütlich) war auch schon anwesend. Ich führe aber auf Befehl weiterhin die Einheit. Und nun viele Pieps und noch mehr Rbs von

Schnü

N.S.: Habe leider schon lange keinen Brief von Dir. Vielen lieben Dank für das kleine Päckchen mit dem Odol, das am 24.12. ankam. Piep. Von meiner Mama kam ein Paket.

3.1.45.

Lieber HH!

Freue mich immer wie ein liebes kleines Schnürzltierli, das man streichelt, wenn ein Brieferl vom Hasenstall einflattert. Nun waren's in den letzten Tagen gleich fünf: die Nummern 63, 68-71! Das Hundi macht schön

Männchen und bedankt sich mit vielen Pieps, etc.! Besonders freut mich, dass alles wohlauf ist. Für Deine Mutti liegen zwei Rezepte bei, lässt sie vielleicht bei Opapa ausfolgen. Das dritte folgt mit nächstem Brief. Wenn ich mich recht erinnere, hat meine Mutti daheim noch zwei unbenutzte Packungen, da sie das Präparat schlecht verträgt. Sie möchte Dir es doch schicken; schreib ihr!

Mit dem neuen Stabsarzt vertrage ich mich (noch) sehr gut. Er ist sehr wenig interessiert und hat vor allem gar keinen Ehrgeiz. Auf Befehl des Chefs führe ich weiterhin die Einheit. Freut mich, diese Anerkennung ungewöhnlicher Art. Heute kam hier ein neuer Stabsintendant an (noch vor kurzer Zeit nannten sich die Herren Stabszahlmeister), der meinen Freund Oberzahlmeister Eigemann ablöst. Eigemann geht auf immer weg, er kommt auf einen Truppenübungsplatz und wird Truppenoffizier (Umschulung). Es tut mir sehr leid um ihn.

Schick mir doch bitte einen Vordruck (besser zwei) für das Zeugnis über die Pflichtassistentenzeit. Ich hab im Urlaub auch für Willy eine Reihe von Exemplaren von der Ärztekammer geholt.

Mit Handkuss an Frau Mama und vielen Rbs und Pieps an Dich

Schnü

12.1.45.

Lieber HH!

Vielen Dank in Form von Pieps und Rbs an die Lumpis, von welchen gestern ein ganzer Berg von Briefen ankam: die Nummern 72-76, nachdem bereits vor einigen Tagen Nr. 77 vom Neujahr mit guter Nachricht über Deine Mutti hier eingetrudelt war. Leider kam bisher von Dir nur ein kleines Päckchen an; will hoffen, dass das andere, für das Du sicher an Lebensmitteln sparen musstest, noch kommt. Bin noch immer am selben Ort, bei der Kompanie, die ich auch noch führe; Egelauer und Heinz sind nach wie vor auf einem abgezweigten Hauptverbandsplatz. Rbs

Schnü

Freue mich, dass meine Pakete ankamen. Drittes unterwegs an „Deutschen Ring"!

16.1.45.

Lieber HH!

Hier gibt's nichts Neues von Bedeutung, alles ist beim alten geblieben, bloß Dr. Kloke und Dr. Rotter haben mich mit einer Anzahl von Leuten verlassen, um an einem Höhenkurort, an dem ich mich im letzten Frühjahr aufgehalten hatte, ihr Domizil aufzuschlagen und dort einen Hauptverbandsplatz zu betreiben. So bin ich nun nach Willi Eigemanns Auszug aus dem gelobten Land ziemlich vereinsamt.

Übrigens hatten unsere Leute, die uns heute verließen, Glück im Unglück. Knapp nachdem sie unseren Ort mit Lastzug verlassen hatten, fielen beim Bahnhof und knapp um mein Quartier mehrere Bomben, ohne wesentlichen Schaden anzurichten. Fast gleichzeitig wurde besagter Güterzug, in dem sich Dr. Klocke und Dr. Rotter mit ihren Leuten befanden, von anderen

Flugzeugen mit Bomben und Bordwaffen angegriffen, ohne dass ihnen was passierte. Der Zug setzte bald seine Fahrt fort.

Ich habe heute leider wieder im Wehrmachtsbericht von Luftangriffen auf Deutschland, insbesondere Wien gehört. Ich hoffe, dass Dir und Deiner Mutti kein Leid geschah.

Und nun viele Rbs von

Schnü

Zwei Tage nach diesem letzten Brief gab es einen weiteren Bombenangriff, den Friedrich und viele seiner Kameraden nicht mehr überlebten. Ein paar Wochen später erhielt Margarete dann die offizielle Meldung, dass ihr Verlobter für Führer und Vaterland den Heldentod gestorben sei und nicht mehr hatte leiden müssen; eine nichtssagende Standardformel, die mittlerweile nur allzu bekannt war.

Vor allem für Margarete, die ja durch die Tätigkeit ihres Mannes und seiner Kollegen von dem wahren Elend an der Front wissen musste, muss dies noch einmal ein weiterer Schlag ins Gesicht gewesen sein. Nie würde sie erfahren, was wirklich geschehen war. Ihr Verlobter hatte seine letzten Wochen voller Angst und Alkohol verbracht, gebunden von dem Befehl die Stellung zu halten, damit die deutschen Truppen aus Griechenland und Albanien abziehen konnten.

Erst als Deutschland am 8. Mai 1945 bedingungslos kapitulierte, überließ die Rote Armee Josep Broz Tito die endgültige „Befreiung" Kroatiens. Dieser war während des Zweiten Weltkriegs Partisanenführer gewesen und hatte sowohl gegen die deutschen/italienischen Besatzer, als auch gegen die innerpolitischen Ustascha gekämpft. Nun übernahm er die offizielle Regierung und wurde selbst diktatorischer Staatschef (bis zu seinem Tod 1980).

Ob und wie Fritz Riemann beerdigt worden ist, ist auch heute leider nicht bekannt, er starb unverheiratet und kinderlos. Margarete hingegen heiratete einige Jahre später einen heimgekehrten Kriegsgefangenen, mit dem sie drei Kinder hatte. Ihr erstgeborener Sohn trug den Namen Walter Friedrich.

Nachwort des Herausgebers

Wenn ich mir heute alte Fotos und Filme aus der Zeit des Dritten Reichs ansehe, dann scheint das alles irgendwie unwirklich zu sein. Die Welt ist schwarzweiß, die Menschen wirken steif und altbacken, diese Zeit scheint schon lange vorbei zu sein. Aber ist sie es?

Mein eigener Großvater marschierte noch mit in den Reihen der Wehrmacht, aber er starb, bevor ich ihn dazu befragen konnte. Glaubte er an Hitler? Oder war er nur ein Mitläufer, der dazu gezwungen war in der breiten Masse mit zu marschieren? Was dachte er, während er in den Krieg zog, in Gefangenschaft kam, wieder nach Hause durfte? Ich weiß es nicht und ich werde es auch niemals erfahren, denn es gibt meinen Großvater schon lange nicht mehr.

Was es aber noch gibt, sind die Briefe und Schriften vieler anderer Soldaten, die mir diese Welt aus einem Blickwinkel zeigen, wie er sonst kaum noch möglich ist. Diese Briefe nehmen einzelne Schicksale aus der breiten Masse heraus und machen diese Soldaten wieder menschlich. Sie zeigen mir, dass nicht alle nur hirnlose Tötungsmaschinen waren, sondern dass es unter ihnen genauso viele liebens- wie verachtenswerte Menschen gab. Dass sie Nuancen hatten, Charaktereigenschaften und Profil. Und vor allem zeigen mir diese Briefe, dass eine Antwort auf meine Fragen nie einfach zu finden sein wird.

Es gibt an und auch in diesen Briefen nichts, was man verherrlichen könnte. Es war kein edler Kampf gegen eine erdrückende Übermacht, wie es damals propagiert wurde, es war der reine Wahn eines Mannes, der es zusammen mit seinen Vasallen schaffte, eine ganze Generation zu täuschen und in den Abgrund zu führen.

Die Antwort auf all meine Fragen ist also vielschichtig und sie ändert sich mit jedem Brief den ich lese. Aber ich denke, es ist gerade jetzt und genau deswegen besonders wichtig sie zu suchen, denn die letzten Zeitzeugen verlassen uns und die Gefahr ist groß, dass nach deren Verschwinden die Wahrheit verdreht wird. Schon jetzt werden immer wieder Stimmen laut, die „die echte Wahrheit" fordern! „Rechts" ist wieder auf dem Vormarsch, viele halten sich für so viel aufgeklärter als die Menschen damals. Der Zahn der Zeit nagt an allem und es wird immer leichter für bestimmte Gruppierungen, unbequeme Wahrheiten auszublenden und sich ihre eigene glorreiche Geschichte zu stricken.

Dagegen sollen diese Bücher wirken. Was darin steht, ist die damalige Lebensrealität so rein wie nur möglich, niemand hat daran etwas verändert und ich lasse es auch ganz bewusst unkommentiert. Denn ich glaube, dass jeder Leser seine eigenen Lehren daraus ziehen wird und ich finde das völlig in Ordnung so.

Meine ganz eigene Wahrheit ist jedoch, dass ich meinen Großvater geliebt habe. Denn was auch immer er im Krieg getan haben mag, für mich war er einfach nur „Opa Jemgum". Ich vergötterte ihn, er war der beste Opa der Welt. Und man kann all diese Menschen nicht nur auf einen Zeitraum von zwölf dunklen Jahren beschränken. Sie alle liebten, lachten und vermissten genau so wie wir; davor, währenddessen und auch noch lange danach. Sie waren damals nicht anders als wir es heute sind, sie waren nicht schwarzweiß, sondern bunt und voller Leben.

Viele dieser Soldaten kehrten nach dem Krieg wieder heim und wurden später unsere Väter und Großväter. Manche erzählten von ihren Erlebnissen, andere schwiegen ein Leben lang. Und auch, wenn ich die Wahrheit über sie niemals ganz werde aufdecken können, so hoffe ich doch, dass ich wenigstens meinen Teil dazu beitragen kann sie wieder greifbar für uns zu machen.

Stefan Heikens